自分好みのカレーが作れる
メソッド＆テクニック

スパイスカレーを作る

水野仁輔

スパイスで
おいしいカレーを
作るのは
簡単なことさ。

スパイスでおいしいカレーを作るのは簡単だ。
自分の好みに従って、気分の赴くままに、いくつか
の選択をしていけばいい。不思議なことにおいしい
カレーができあがっている。そんな体験を一度でも
してしまうと、きっといろんなことが気になってくる。
なぜ？なぜ、こんなにおいしいカレーができるの？
疑問が生まれるついでに、欲も生まれてしまう。
もっとおいしくなるんじゃないか？
もっと自分好みに作れやしないだろうか？

そんな願いを叶えるために、画期的なメソッドを開
発したんだ。

あるカレーを食べて「おいしい」と感じたなら、す
ぐさま鍋の中を覗き込もう。おいしい理由のすべて
は、そこにあるのだから。
カレーを「おいしく」作りたいと思うのなら、空っ
ぽの鍋を想像しよう。そこで起こることのすべてが、
おいしさを生むのだから。
魔法の杖をひとふりするわけでもなく、神の見えざ
る手が動くわけでもない。秘伝のテクニックも門外
不出の配合も知る必要はない。

この本の自慢はね、
「わたしの好きなカレーがわかる」こと。
「わたしの好きなカレーが作れる」こと。
そのために、
「ロジック（理論）を解説してる」こと。
「メソッド（手法）を披露してる」こと。

これに尽きるかな。

これまで僕はたくさんのレシピを生み出してきた。
これからもきっと無尽蔵に出し続けるんだろう。で
も、いつも一抹の不安がよぎる。実は、レシピを見
ながらカレーを作るという行為は、なかなか危うい
ものなんだ。
だって、いつも成功するとは限らない。失敗する可
能性もあるし、好みと好みじゃないカレーが混在す
ることもある。たまたまおいしかったらラッキー、
たまたまおいしくなかったらアンラッキー、ではつ
まらない。
そんな偶発的な、不確かなことにあなたのカレー
クッキングを委ねるのはもったいないじゃないか。

だからこそ、この本を頼りにしてもらいたい。

レシピは、おいしいカレーの手ほどきであり、すべ
てのカレーに通用するスキルを習得するための題材
でもある。すべての材料に使う意味があり、すべて
のプロセスに狙いがある。なるほど！と膝を打つ
ことが何度も何度もあるはず。
初心者のみなさんは、騙されたと思って（なんと便
利な常套句！）、「ミニマルチキンカレー」を作って
みてほしい。中級者のみなさんは、「スタンダード
チキンカレー」を作ってみるといい。それから気に
なるものを順に試してみるんだ。上級者のみなさん
は、もしかしたらスラスラと読むだけで、カチャカ
チャとパズルをはめるように頭の中が整理されるか
もしれないなぁ。
さあ、早速、始めてみようか。その前に冒頭の一文
をもう一度。

スパイスでおいしいカレーを作るのは簡単なことさ。

目次

スパイスでおいしいカレーを
作るのは簡単なことさ。 ……… 002
秘密はすべて鍋の中にある。 ……… 006

1章：カレーのルール ……… 008

カレーはなぜおいしいの？ ……… 010
カレーはどうすればおいしくなるの？ ……… 012
ミニマルチキンカレーを作る ……… 014
第1章まとめ ……… 018

2章：カレーメソッド ……… 020

カレーメソッド表 ……… 022
メソッド全体像 ……… 045
メソッドアレンジのヒント表 ……… 046

3章：カレーのレッスン ……… 050

メソッドで作るチキンカレー
スタンダードモード徹底解説 ……… 052
材料を切る ……… 054
ベースの風味まで ……… 056
中心の香りまで ……… 058
スープを作る ……… 060
チキンを焼く ……… 062
ソースの完成 ……… 064
仕上げの香り ……… 066
できあがり！ ……… 068

メソッドで作るチキンカレー①
あっさりモード ……… 070
メソッドで作るチキンカレー②
こってりモード ……… 074
メソッドで作るチキンカレー③
こっくりモード ……… 078
メソッドで作るチキンカレー④
しっかりモード ……… 082
メソッドで作るチキンカレー⑤
きっちりモード ……… 086

4章：スパイスメソッド ……… 092

1 どんなスパイスを使えばカレーになるの？ ……… 094
2 さ、ブレンドしてみよう。 ……… 095
3 どんな比率で配合すればいい？ ……… 096
4 スパイスメソッドのはじまり ……… 097
5 スパイスメソッドの基本形 ……… 098
6 スパイスメソッド大公開！ ……… 100
7 ブレンディング展開のヒント ……… 102
8 スタンダードブレンド展開例 ……… 104
9 さわやかブレンド展開例 ……… 106
10 奥深いブレンド展開例 ……… 108
11 スパイスブレンドの全パターン ……… 110
12 参考：スパイスブレンド（AIR SPICE より） ……… 112
13 スパイスの形状とバランス ……… 114
14 ホールスパイスは食べるか否か ……… 115
15 スパイスの焙煎と香りの関係 ……… 116
16 ローステッドカレーパウダーを作る ……… 117
17 香りの種類とタイミング ……… 118
スパイス図鑑 ……… 119
18 スパイスの品質は何で決まる？ ……… 130

本書の使い方 ○大さじ1は15ml、小さじ1は5ml、1カップは200mlです。 ○材料の分量は、各レシピごとに表示しています。 ○フライパン（鍋）は厚手のものを使用してください。フッ素樹脂加工のものがオススメです。本書では、直径24cmのフライパンを使用しています。鍋の大きさや材質によって熱の伝わり方や水分の蒸発の仕方などに差が出ます。 ○塩は自然塩を使用しています。粗塩の場合、計量スプーンですり切りを計っても塩分濃度が足りない可能性があります。その場合は、最後に味を調整してください。 ○火加減の目安は、強火が「鍋底に炎が勢いよくあたる程度」、中火が「鍋底に炎がちょうど届く程度」、弱火が「鍋底に炎がギリギリあたらない程度」です。 ○ふたは、フライパン（鍋）のサイズにピッタリあったもの、できるだけ密閉できるものを使用してください。 ○完成写真は、1～2人前を盛りつけています。 ○P.119からの「スパイス図鑑」は『いちばんやさしいスパイスの教科書』（水野仁輔著、パイインターナショナル刊）の内容を一部再録しています。

5章：カレーのトレーニング …………… 134

鶏手羽元のほろほろカレー ………… 136
煮込みチキンカレー ………… 138
オレンジチキンカレー ………… 140
レモンチキンカレー ………… 142
ペッパーチキンカレー ………… 144
ホワイトチキンカレー ………… 146
ドライキーマカレー ………… 148
バターチキンカレー ………… 150
ソルティチキンカレー ………… 152
リーフチキンカレー ………… 154
手羽中ぐずぐず煮込みカレー ………… 156
セサミチキンカレー ………… 158
スープキーマカレー ………… 160
ビーフカレー ………… 162
スパイシーポークカレー ………… 164
マスタードサーモンカレー ………… 166
エビのカレー ………… 168
夏野菜のカレー ………… 170
秋野菜のカレー ………… 172
エッグポテトカレー ………… 174

6章：図解 テクニック …………… 178

図解 玉ねぎ1
なぜ玉ねぎを加熱するのか？ ………… 180

図解 玉ねぎ2
玉ねぎに何が起きているのか？ ………… 181

図解 玉ねぎ3
玉ねぎにどのように熱が伝わるのか？ ………… 182

図解 玉ねぎ4
玉ねぎは本当に焦げるのか？ ………… 184

図解 玉ねぎ5
その玉ねぎは何色なのか？ ………… 185

図解 玉ねぎ6
玉ねぎにはどんな加熱方法があるのか？ ………… 188

図解 玉ねぎ7
玉ねぎの加熱と味わいの関係は？ ………… 190

図解 玉ねぎ8
玉ねぎは均一に色づけるべきなのか？ ………… 193

図解 玉ねぎ9
玉ねぎは細かく切るべきなのか？ ………… 194

図解 食材1
その食材は何のために使うのか？ ………… 196

図解 食材2
カレーをおいしくするトマトは
生かホール缶か？ ………… 200

図解 食材3
なぜ強気で炒め、弱気で煮込むのか？ ………… 203

図解 食材4
隠し味は何がオススメなのか？ ………… 204

図解 道具
道具とどう付き合うべきか？ ………… 206

Column 1 世界一のスパイス棚 ………… 049
Column 2 小さなラボ、大きな未来 ………… 090
Column 3 眠れない夜に ………… 132
Column 4 カレーの往復書簡 ………… 176
Column 5 グルーヴィーなカレー ………… 210

INDEX ………… 212
あとがき ………… 215

秘密はすべて鍋の中にある。

スパイスでカレーが作れるのは超常現象じゃない。
どんな香りになるにも、すべてに理由がある。
どんな味わいになるにも、すべてに理由がある。

あなたの目の前にあるカレーは、なぜおいしいの？
秘密はすべて鍋の中。
何を選ぶ？ どう調理する？
それ次第でカレーの味はどうにでもなるのだよ。
だとしたら、それぞれの狙いを考えてほしい。

ねえ、それ、
何のため？

カレーのレシピはとてもシンプルな構成でできている。
【材料】と【作り方】である。

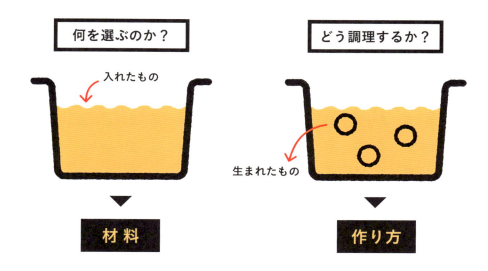

作り始める前に脳内で考えることは、きわめて単純なことなんだ。

「どんな具がいいかなぁ？」	はじめに
「ソースはどうしようか？」	次に
「スパイスはどれが合う？」	おわりに

メロディ（具）ができたらリズム（ソース）をつけてさ、ハーモニー（スパイス）にする。
作曲家になったような気分でカレーを作る。なんて素敵な行為だろう。
構成要素が出そろったら買い出しにでも出かけてさ、作り始める前に
ゴールデンルールという7ステップに落とし込む。楽譜を書くようなものだよね。
あとは、演奏。鍋を置いて火にかけ、順に素材を加えていくだけだ。

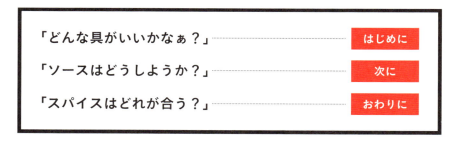

本書ではこれらの作業をわかりやすく図解した上で、
誰にでも手軽に実現できるメソッドを紹介する。
だから、あなたは、いくつかのチェックポイントで自分の好みや気分で
簡単な選択をしていけばいい。
何をすればいいのか、どう作ればいいのか、はこの本が指示してくれる。
要するに「わたしだけのおいしいカレーのレシピ」ができあがるんだ。

1章
カレーのルール

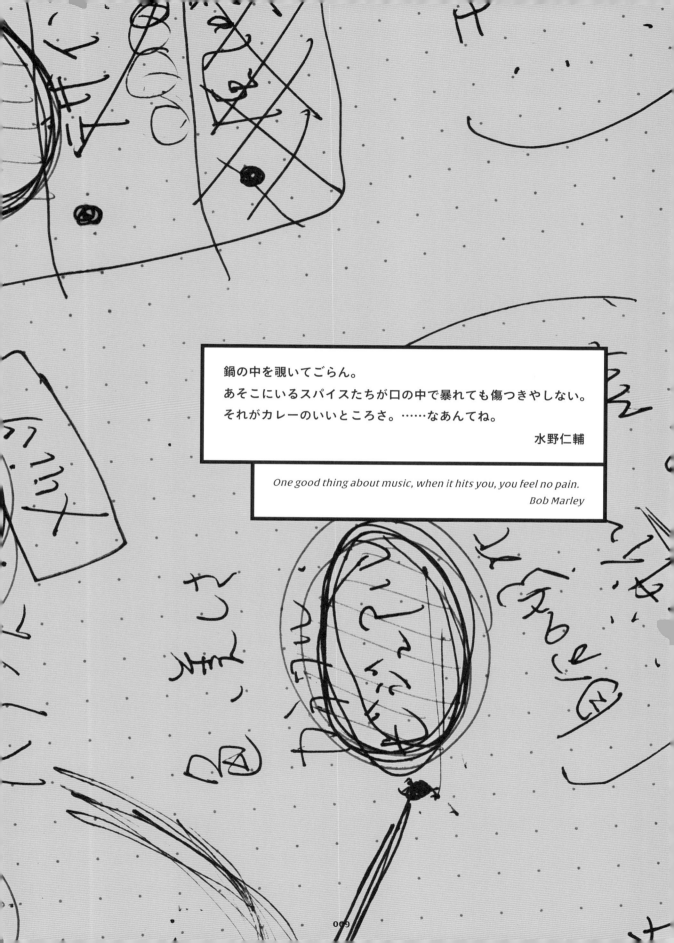

鍋の中を覗いてごらん。
あそこにいるスパイスたちが口の中で暴れても傷つきやしない。
それがカレーのいいところさ。……なあんてね。
水野仁輔

One good thing about music, when it hits you, you feel no pain.
Bob Marley

カレーはなぜおいしいの？

3つの要素、5つのアイテム

あるカレーがおいしくなるとしたら、その理由はすべて鍋の中にある。あなたがどのタイミングでどういう状態で材料を加えてどう加熱したかで決まってくる。

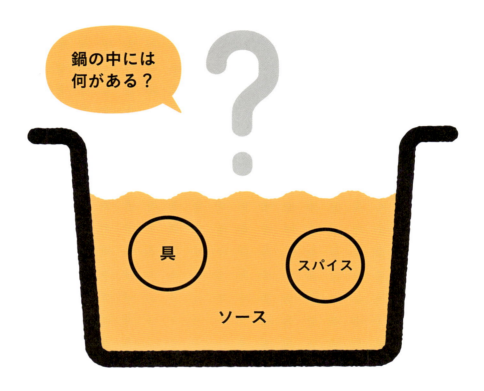

カレーは、具とソース（ベース、スープ、隠し味）とスパイスでできている。あるカレーがおいしかったら、具は？ ソースは？ スパイスは？ どうなっているのかに興味を持ってみよう。

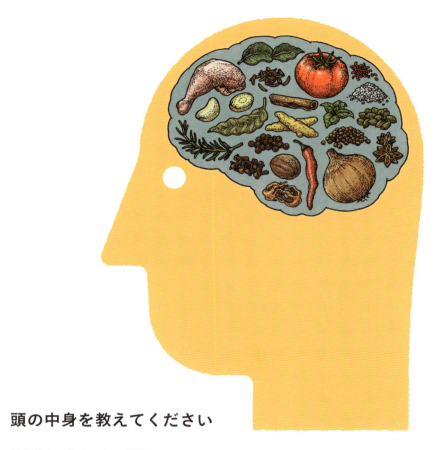

頭の中身を教えてください

料理教室でたまにある質問。
「水野さんはレシピを開発するときどう考えているんですか?」
せっかくだから、カレーをおいしく作ろうとしているときの頭の中を公開したい。

僕は、自分がカレーを作るときは、まず、具を決める。チキンカレーにしよう。じゃあ、そのソースはどんな具合にしようかな? トマトたっぷり? ココナッツミルクでクリーミー? もしくはもっと洗練すっきり? それが決まったら、スパイスの香りをどんな風に効かせようか、を考える。
それぞれに具体的な材料を頭に浮かべる。ここで役者は出そろう。鍋の中に入れるべき材料がすべて出そろったら、それらをどのタイミングで加えるのかは、ゴールデンルール（後述）に従って当てはめていく。

おいしいカレーの秘密がまずあって、それを実現している役者（材料）が決まって、ルールに沿って配置すれば、その舞台は素晴らしいものになる。
あるカレーのレシピを目の前にしたら、【作り方】を見ずに【材料】だけを見て、その材料が何の目的でそこにあるのか。それをどの順番で加えていけばいいのか。これらを考える。おのずと【作り方】を見なくても手が動くようになる。

「3要素5アイテム」×「ゴールデンルール」の関係でカレーができあがるのさ。

カレーはどうすればおいしくなるの？

スパイスでカレーをおいしく作れるようになるまで、僕は10年かかった。試行錯誤の末にたどりついたのが、ゴールデンルールだ。なんと世の中すべてのカレーは、このルールで説明できる。

Golden Rule

STEP 1	………………	はじめの香り
STEP 2	………………	ベースの風味
STEP 3	………………	うま味
STEP 4	………………	中心の香り
STEP 5	………………	水分
STEP 6	………………	具（隠し味）
STEP 7	………………	仕上げの香り

香りと味のミルフィーユ

前半で炒め、後半で煮る。

注目したいのは、「香り」と書いてある部分。カレーの特徴は、「香り」にある。すなわち、スパイスを使うのが、1番と4番と7番。それ以外は？2番と3番は「味」、5番と6番も「味」。すなわち、カレーは、香りと味を交互に重ねていくことでできあがる。

これが基本的なルール。加熱調理が基本だから、火がついている。1番から4番までは炒める。5番で水分が入ってからは煮る。前半で炒めて後半で煮るとカレーができる。これが全体像になる。

では、とっても簡単なカレーを作ってみよう！

STEP 1	はじめの香り	香り	炒める
STEP 2	ベースの風味	味	
STEP 3	うま味	味	
STEP 4	中心の香り	香り	
STEP 5	水分	味	煮る
STEP 6	具（隠し味）	味	
STEP 7	仕上げの香り	香り	

The rules

うま味
〈トマト〉

ベースの
風味
〈玉ねぎ〉

フレッシュ
スパイス
〈ローズマリー〉

ミニマル チキンカレー を作る

最もシンプルな材料と最もシンプルな手順で作るカレーです。
どこで何が加わってどう加熱されるとカレーになるのか、
カレーという料理の組み立てを想像しながら作ってみてください。

具
〈鶏もも肉〉

ホール
スパイス
〈クミンシード〉

ソース

材料 4人分

STEP 1 はじめの香り
- 植物油 .... 大さじ3（45ml）
- ホールスパイス
  - ● クミンシード 小さじ1/2

STEP 2 ベースの風味
- にんにく .... 1片（10g）
- しょうが .... 1片（10g）
- 玉ねぎ .... 1個（200g）

STEP 3 うま味
- トマト .... 1個（150g）

STEP 4 中心の香り
- パウダースパイス
  - ● ターメリック 小さじ1/2
  - ● パプリカ 小さじ1
  - ● コリアンダー 大さじ1
- 塩 小さじ1

STEP 5 水分
- 水 300ml

STEP 6 具
- 鶏もも肉 400g

STEP 7 仕上げの香り
- フレッシュスパイス
  - ● ローズマリー 1/2枝

下準備
◇ にんにく、しょうがは包丁の腹を使ってつぶす。
◇ 玉ねぎ、トマトはくし形切りにする。
◇ 鶏もも肉は常温に戻し、できるだけ早い段階で塩（分量外）をふっておく。1時間前、2時間前がベスト。黒こしょう（分量外）があれば、鍋に加える直前にふっておく。

素材選びの視点
・植物油は香りが強すぎず、単一植物から抽出されたもの。紅花油がオススメ。原材料にその植物以外のものが含まれる油は避けたい。

STEP 1
はじめの香り

厚手の鍋に油を注いで中火で熱する。少しトロッとして硬い油が温まるとサラッとした形状になってくる。クミンシードを加えてシュワシュワと泡立ってくるまで炒める。色は濃い茶色になる。

STEP 2
ベースの風味

にんにく、しょうがを加えてさっと炒め合わせる。ほんのりキツネ色になるまで。玉ねぎを加えて少し火を強め、炒める。木べらで玉ねぎをほぐしながら、しんなり柔らかくなり、表面の一部やふちの辺りがうっすら色づくまで。

STEP 3
うま味

トマトを加えて強めの中火のまま炒める。木べらでつぶし、トマトの中の水分を外に出すようなイメージで。断面が少し色づいて、全体的にくたっとし始めるまで。

STEP 4
中心の香り

弱火にして、パウダースパイスと塩を加えて炒める。鍋中の油とスパイスがなじみ、スパイスの粉っぽさが消え、香りが立ってくる。

STEP 5
水分

水を注いで強火にし、煮立てる。鍋のふちの方からふつふつとしてくるが、中心の辺りに気泡が出てくるまで煮る。水の代わりに同量の湯にすると早く煮立つ。

STEP 6
具

鶏肉を加えてひと煮立ちさせ、弱火にして20分ほど煮込む。表面全体にふつふつと小さな気泡が浮かんでは消える状態を保ちながら。

STEP 7
仕上げの香り

ローズマリーを加えてざっと混ぜ合わせ、火を止める。そのままふたをして器に盛り付けるまで20分～30分ほど落ち着かせると鍋中全体の味わいがなじんでよい。

Q. ミニマルチキンカレーはどんな味がしますか？

A. 「すっきりした味」「シンプルな味」「素朴な味」「しみじみした味」「滋味深い味」「優しい味」「軽やかな味」「洗練された味」

使ったものは、「油・水・塩・素材・スパイス」だけ。たったこれだけのアイテムですが、ゴールデンルールのステップで鍋中に加えて加熱すれば、カレーの3要素が見事に調和し、おいしいひと皿ができあがる。このミニマルチキンカレーを食べて、どこかにおいしさのかけらを見つけることができたら、もうあなたはスパイスカレーメソッドの入り口に立っていることになります。

第1章 まとめ

すべての素材がゴールデンルールによってそれぞれに役割を果たし、
カレーをおいしくする3要素を構成します。
「あそこで加えたそれがこうなるのか」の連続。
そう、"3要素"と"ゴールデンルール"は密接に結びついているのです。

カレーの3要素

具 .... 素材の味わい

ソース（ベース＋スープ＋隠し味）.............................. うま味

スパイス .... 香り、辛味

レシピ

1 ホール スパイス を炒めると香りが立ち、油に定着する。油はベースと融合し、スープになじんで ソース になる。

2 にんにく、しょうが、玉ねぎを炒めて適度に脱水するとベースの風味が生まれ、その後に続く加熱で少しずつ形が崩れて溶けることで ソース になる。

3 トマトを加えて炒めて適度に脱水するとうま味が引き立ち、その後に続く加熱で少しずつ形が崩れて溶けることで ソース になる。

4 パウダー スパイス と塩を加えて炒めると香りが引き立ち、油はベースと融合し、スープになじんで ソース になる。

5 水（スープ）を加えて煮るとそれまで鍋中にあったスパイス以外の固形物（ベース）を適度に溶かし、ソース になる。

6 鶏肉（具）を加えて煮込むと、中心まで火が通って鶏肉そのものの味わいが加わるとともに鶏肉からエキスが鍋中に抽出されて ソース になる。

7 フレッシュ スパイス を混ぜ合わせることで新たな香りが加わると同時にカレー全体の味わいを引き締めたり引き立たせたりする。

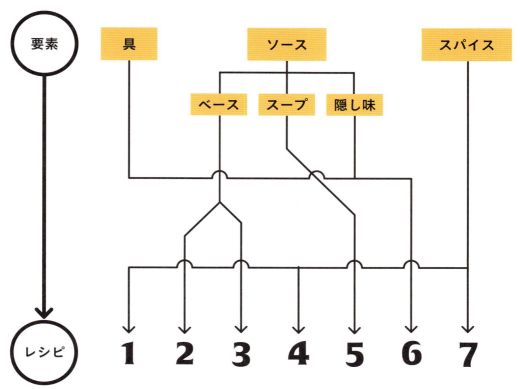

3要素をイメージしながら"材料"を工夫し、ゴールデンルールを踏まえた"テクニック"を駆使する。その作業をやればやるほどカレーはおいしく、あなた好みの味になるのです。

材料を工夫する

何を選ぶか？ 役割分担を考える。

- ☐ **具にする材料** ……… そのものを味わう、形を残す
- ☐ **ソースにする材料** …… 新たな味わいを生み出す、形をつぶす（溶ける・消える）
- ☐ **スパイス** ……………… 具やソースとどう調和させるか

テクニックを駆使する

どう調理するか？

- ☐ どう切るか？
- ☐ どう加熱するか？
- ☐ どの順で加えるか？
- ☐ どのくらい時間をかけるか？

2章
カレーメソッド

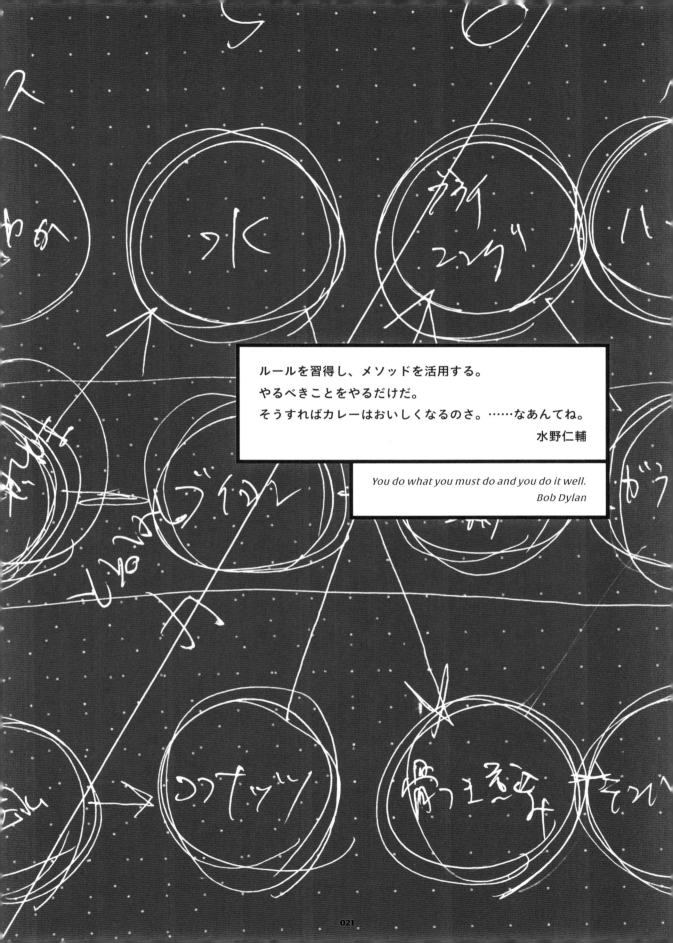

> ルールを習得し、メソッドを活用する。
> やるべきことをやるだけだ。
> そうすればカレーはおいしくなるのさ。……なあんてね。
> 水野仁輔

> *You do what you must do and you do it well.*
> *Bob Dylan*

カレーメソッド表

3択×7回＝マイベストカレー！

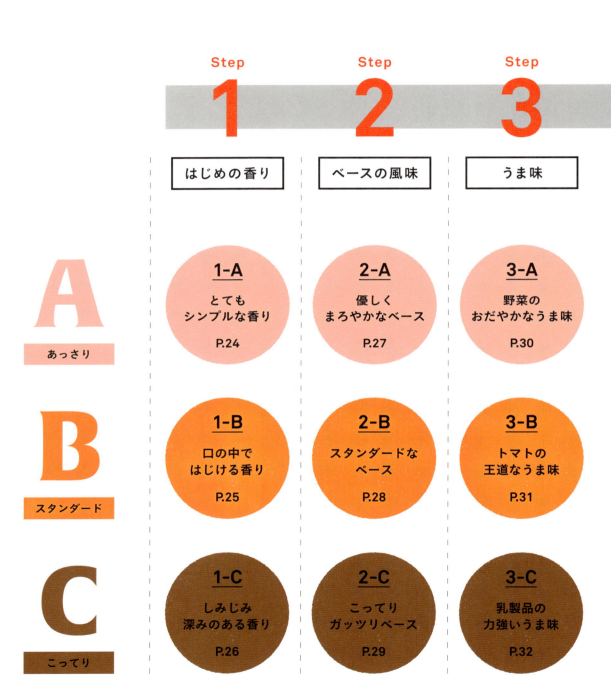

ゴールデンルール1〜7の各ステップで、A：あっさり / B：スタンダード / C：こってりの3つから好みのタイプを選び、つないでいくだけ。できあがるカレーは他の誰とも違う、自分だけのおいしいカレーになる。だって、2,187通りのチキンカレーができるのだから。

Step
4

Step
5

Step
6

Step
7

中心の香り

水分

具

仕上げの香り

The techniques

4-A
すっきり
さわやかな香り
P.33

5-A
水で
ストイック
P.36

6-A
ブライニングして
煮るチキン
P.39

7-A
フレッシュで
印象的な香り
P.42

4-B
スタンダードで
メジャーな香り
P.34

5-B
ブイヨンで
ノスタルジック
P.37

6-B
こんがり焼いて
煮ないチキン
P.40

7-B
なじみ深い
本格的な香り
P.43

4-C
個性のある
奥深い香り
P.35

5-C
ココナッツで
エキゾチック
P.38

6-C
マリネして
じっくり煮込む
チキン
P.41

7-C
力強く
刺激的な香り
P.44

METHOD 1-A

とてもシンプルな香り

何はなくともクミン、クミン！

まずはここから始めましょう。たったひとふりで、カレーをもっとカレーらしくしてくれるスパイス。ツンと香ばしく口の中で噛めばプチッと刺激的な香りがはじけます。

材料

植物油 ……… 大さじ2〜4（メソッド2によって量は変動）
【はじめのスパイス】
- クミンシード ……………………… 小さじ1

作り方

鍋に油を中火で熱し、クミンシードを加えて炒める。シュワシュワと泡立ってきたらさらに炒め、少し濃いめの茶色に変わるまで。

ワンポイント

いちばんはじめに油に香りを移すことによって、その後に鍋中に投入される素材にその香りを乗せていくことができます。炒めすぎる必要はありませんし、逆に火を入れすぎると焦げて黒っぽくなりますが、それほど苦味は出ません。

アレンジのヒント

あらかじめ香りの強い油を加える。
- ⓐ ごま油
- ⓑ マスタード油
- ⓒ ココナッツ油

METHOD **1-B**

口の中ではじける香り

強く、香ばしく。シードはすごい！

インパクトのある香ばしい香りを生み出すシード（種）系スパイスの3点セット。スパイスの香りだけでなく、こんがりと炒めたときの香ばしさも魅力のひとつです。

材料

植物油 ……… 大さじ2〜4（メソッド2によって量は変動）
【はじめのスパイス】
- ブラウンマスタードシード ……… 小さじ1/2
- クミンシード ……… 小さじ1/2
- フェンネルシード ……… 小さじ1/2

作り方

鍋に油を中火で熱し、スパイスを加えて炒める。マスタードシードがパチパチとはじけてくるまで。

ワンポイント

さらに香ばしさがほしければ、鍋を傾けて油を1箇所にため、マスタードシードを泳がせるようにするか、ふたをしてパチパチがおさまるまで炒めてもいいですが、その場合は、マスタードシードだけを先に炒めるのがオススメです。

アレンジのヒント

主にシード系のスパイスを追加する。
ⓐ ＋フェヌグリークシード
ⓑ ＋クラッシュドコリアンダーシード
ⓒ ＋ウラドダル

METHOD **1-C**

しみじみ深みのある香り

肉をおいしく香らせる鉄板トリオ！

奥深く、ちょっとクセがあってふくよかな香り。肉類全般に合うこの3点セットは、スパイスブレンドの妙やバランスのよさを実感させてくれます。

材料

植物油 ……… 大さじ2〜4（メソッド2によって量は変動）
【はじめのスパイス】
- グリーンカルダモン ……………………… 5粒
- クローブ ……………………………………… 7粒
- シナモン ……………………………………… 1/2本

作り方

鍋に油とスパイスを加え、油が冷たいうちから弱火にかけてじっくり香りを出していきます。カルダモンがぷくっと膨らんでくるのが目安。

ワンポイント

いちばんはじめに油に香りを移すことによって、その後に鍋中に投入される素材にその香りを乗せていくことができます。炒めすぎる必要はありませんし、逆に火を入れすぎると焦げて黒っぽくなりますが、それほど苦味は出ません。

アレンジのヒント

主に"非"シード系のスパイスを追加する。
- ⓐ ＋ブラックペッパー
- ⓑ ＋メース
- ⓒ ＋スターアニス

METHOD **2-A**

優しくまろやかなベース

玉ねぎの優しさに、包まれたなら……

玉ねぎらしい、玉ねぎそのものの風味やうま味を強調させたいときに有効です。口の中でとろっと溶けていくようななめらかな舌触りも特徴のひとつです。

材料

植物油	大さじ2（メソッド1のタイミングで使用）
にんにく（つぶす）	1片(10g)
しょうが（つぶす）	1片(10g)
玉ねぎ（くし形切り）	2個(400g)

作り方

鍋に油を中火で熱し、にんにくとしょうがを加えて表面がこんがりするまで炒める。玉ねぎを加え、400mlほどの水（分量外）を加えてふたをし、強火で15分ほど蒸し煮する。水分が飛んで焦げ付きそうになる前に適宜、水を加える。ふたを開けてさらに10分ほど強火のまま水分を飛ばすように煮詰め、イタチ色になるまで炒める。

ワンポイント

とにかく玉ねぎを柔らかくすることを優先させます。煮立ててグツグツすれば硬かった生玉ねぎがくたっとして脱水しやすくなります。後半でふたを開けてからは、鍋中に残った油を使って好みの状態まで色づけましょう。

アレンジのヒント

玉ねぎの表面を色づける度合いを変える。
ⓐ キツネ色
ⓑ タヌキ色
ⓒ ヒグマ色

The techniques

METHOD **2-B**

スタンダードなベース

香ばしい、甘い、うまいの3拍子

効率よく、おいしい炒め玉ねぎを実現させたければ、強火で焼きつけるように炒めていく手法がオススメです。短時間でこんがりとさせることができます。

材料

植物油	大さじ3（メソッド1のタイミングで使用）
にんにく（みじん切り）	1片（10g）
しょうが（みじん切り）	1片（10g）
玉ねぎ（スライス）	大1個（300g）

作り方

鍋に油を中火で熱し、にんにくとしょうがを加えてキツネ色になるまで炒める。玉ねぎを加えてざっと鍋中を混ぜ合わせて強火にし、焼きつけるように炒める。あまり鍋中をかき混ぜないようにする。少しずつ火を弱め、木べらを動かす頻度を増やしながら表面全体がキツネ色になるまで炒める。

ワンポイント

鍋中の温度や加熱の具合、火の入り方の見極めが肝心です。焦げないように気をつけながらも、焦げるギリギリまで鍋中を触らないように我慢して玉ねぎの表面をこんがりと色づけていき、全体的に脱水を進めていきます。

アレンジのヒント

玉ねぎの表面を色づける度合いを変える。
- ⓐ イタチ色
- ⓑ タヌキ色
- ⓒ ヒグマ色

METHOD 2-C

こってりガッツリベース

ハードボイルドならぬハードフライド！

パンチ力ある油のうま味とこんがり香ばしく加熱された玉ねぎの風味を兼ね備えたベースができます。力強い印象をカレーに与えるのに最適。

材料

植物油	大さじ4（メソッド1のタイミングで使用）
玉ねぎ（縦4等分にしてから厚めのスライス）	1個（200g）
にんにく（すりおろし）	大1片（15g）
しょうが（すりおろし）	大1片（15g）

作り方

にんにく、しょうがは50mlの水（分量外）と合わせておく。鍋に油を中火で熱し、玉ねぎを加えてざっと混ぜ合わせたら強火にする。揚げるような感覚で炒める。濃いキツネ色になるまで炒めたら、にんにく＆しょうがジュースを加え、水分が完全に飛ぶまで炒める。仕上がりがタヌキ色〜ヒグマ色になる状態を目指す。

ワンポイント

玉ねぎの表面全体をこんがりとさせるようなイメージで火を入れていきます。スライスした玉ねぎのふちの特に薄い辺りからこんがりと色づき始めるため、色づきの進行している場所をケアしながら炒めるのが大事です。

アレンジのヒント

玉ねぎの表面を色づける度合いを変える。
- ⓐ イタチ色
- ⓑ キツネ色
- ⓒ ヒグマ色

METHOD **3-A**

野菜のおだやかなうま味

香味野菜の底力を存分に思い知るのだ！

優しいようでいて、意外と力のある風味を生んでくれる野菜たち。なくても変わらないようでいてないと寂しい存在です。

材料

〈ベジタブルペースト用〉
- セロリ ………………………… 1/2本 (75g)
- 長ねぎ ………………………… 1本 (75g)
- 水 …………………………………… 300ml

作り方

ベジタブルペーストを作る。鍋にベジペースト用の材料をすべて入れて火にかけ煮立ったら野菜がくたっと柔らかくなるまで中火で煮る。目安は、水分量が1/3程度になるくらい。煮汁は、100mlを使う。火を止めて粗熱を取り、ミキサーでペーストにする。

ワンポイント

ミキサーでペースト状にし、さらに鍋に加えてから脱水して加熱した玉ねぎと融合させるため、煮込んだときには風味だけを残して跡形もなく姿を消します。生っぽさや青臭さを残さぬよう、しっかり加熱してからペーストにしましょう。

アレンジのヒント

別の野菜を使用する。
- ⓐ オニオンペースト……長ねぎとセロリの代わりに玉ねぎを使うか、フライドオニオンを追加。
- ⓑ マッシュルームペースト……すりおろして炒める。
- ⓒ カリフラワーペースト……湯で煮てからミキサー。

METHOD **3-B**

トマトの王道なうま味

やっぱりトマトのうま味が王道でしょう！

加熱したトマトのうま味は驚くほどカレーをおいしくしてくれます。ほどよい酸味も魅力的。躊躇せず加えてしまいましょう。

材料
ホールトマト 200g

作り方
手でしっかりつぶしながら鍋に加え、さらに木べらを使ってつぶしながら炒める。水分がきっちり飛ぶまで強めの中火で炒める。じんわりと油がにじみ出てきて、鍋底を木べらでこすってもペーストが動かなくなる程度まで脱水する。

ワンポイント
脱水、脱水、脱水。とにかく徹底的にトマトの水分を抜くのが肝心です。中途半端な状態で次に進もうとせず、じっくり時間をかけて炒めましょう。焦がさない限り加熱すればするほどおいしくなると思ってください。

アレンジのヒント
トマトの形状を変えてみる。
- ⓐ フレッシュトマト
- ⓑ トマトピューレ
- ⓒ ホールトマト＋ヨーグルト

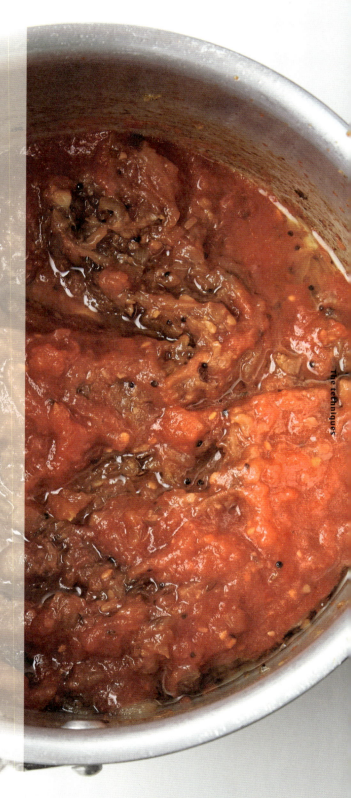

METHOD 3-C

乳製品の力強いうま味

ヨーグルトよ、いつもうま味をありがとう！

深いうま味とすっきりした酸味のバランスがいいヨーグルト。乳製品のうま味は肉全般の味わいと相性がよく、肉を柔らかくもします。

材料
プレーンヨーグルト ……………………… 100g

作り方
ヨーグルトを加えて中火で炒める。水分がある程度抜けるまで、3分ほど。

ワンポイント
できるだけ原材料、生乳100％のものを選んでください。火を入れすぎると油脂分が分離することもあるが、それほど気にしなくても大丈夫。ヨーグルトの水分で玉ねぎがほどよく溶けて鍋中全体がなじんでくる状態が理想です。

アレンジのヒント
乳製品のうま味でバリエーションを広げる。
ⓐ ヨーグルトを増量する。
ⓑ 粉チーズを加える。
ⓒ バターを加える。

METHOD 4-A

すっきりさわやかな香り

すっと胸のすくような香りでレッツ深呼吸！

甘くてさわやかな女性に人気のあるブレンドです。明るい黄色もきれい。個性的な香りを主役にしつつ、脇役ターメリックが好演。

材料

【中心のスパイス】
- ターメリックパウダー ……………… 小さじ 1/2
- フェヌグリークパウダー …………… 小さじ 1/2
- フェンネルパウダー ………………… 小さじ 1
- グリーンカルダモンパウダー ……… 小さじ 2
- コリアンダーパウダー ……………… 小さじ 4

塩 ………………………………………… 小さじ 1

作り方

弱火にし、中心のスパイスと塩を加えて炒め合わせる。しっかり香りが立ってくるまで、2分以上は炒めたい。

ワンポイント

鍋中にじわっとにじみ出ている油分とパウダー状のスパイスを融合させるイメージで。粉が油を吸い込んで色が深まり、ベース全体になじんでいくのがわかる。ねっとりとしたペーストになった状態が"カレーの素"。

アレンジのヒント

使用するスパイスの種類を増やす。

ⓐ ＋ジンジャー（計6種類）
ⓑ ＋ジンジャー、キャラウェイ（計7種類）
ⓒ ＋ジンジャー、キャラウェイ、ホワイトペッパー（計8種類）

METHOD 4-B

スタンダードで
メジャーな香り

カレーらしいスパイスの香り、ここにあり！

誰もが知っているおいしいカレーの香り。オレンジ色のきれいな色味。カレーをカレーたらしめるスパイスの秘密がここにあります。

材料

【中心のスパイス】
- ターメリックパウダー .... 小さじ 1/2
- レッドチリパウダー .... 小さじ 1/2
- パプリカパウダー .... 小さじ 1
- クミンパウダー .... 小さじ 2
- コリアンダーパウダー .... 小さじ 4

塩 .... 小さじ 1

作り方

弱火にし、中心のスパイスと塩を加えて炒め合わせる。しっかり香りが立ってくるまで、2分以上は炒めたい。

ワンポイント

鍋中にじわっとにじみ出ている油分とパウダー状のスパイスを融合させるイメージで。粉が油を吸い込んで色が深まり、ベース全体になじんでいくのがわかる。ねっとりとしたペーストになった状態が"カレーの素"。

アレンジのヒント

使用するスパイスの種類を増やす。

ⓐ ＋フェヌグリーク（計6種類）
ⓑ ＋フェヌグリーク、グリーンカルダモン（計7種類）
ⓒ ＋フェヌグリーク、グリーンカルダモン、ブラックペッパー（計8種類）

METHOD **4-C**

個性のある奥深い香り

目を閉じて奥深い香りの森をさまようのだ！

堂々としたクミンの香ばしい香りを中心に薬のような深みのあるスパイスたちが集まったミックス。じわじわクセになるでしょう。

| 材料 |

【中心のスパイス】
- クローブパウダー　　　　　　　小さじ 1/2
- フェンネルパウダー　　　　　　小さじ 1/2
- ブラックペッパーパウダー　　　小さじ 1
- コリアンダーパウダー　　　　　小さじ 2
- クミンパウダー　　　　　　　　小さじ 4

塩　　　　　　　　　　　　　　　小さじ 1

| 作り方 |

弱火にし、中心のスパイスと塩を加えて炒め合わせる。しっかり香りが立ってくるまで、2分以上は炒めたい。

| ワンポイント |

鍋中にじわっとにじみ出ている油分とパウダー状のスパイスを融合させる。ねっとりとしたペーストになった状態が"カレーの素"。炒め玉ねぎの色もブレンドしたスパイスの色も深いため、全体が濃い茶色に仕上がる。

| アレンジのヒント |

使用するスパイスの種類を増やす。
- ⓐ ＋ターメリック（計6種類）
- ⓑ ＋ターメリック、パプリカ（計7種類）
- ⓒ ＋ターメリック、パプリカ、フェヌグリークリーフ（計8種類）

035

METHOD 5-A

水でストイック

水を制する者はカレーを制する！ 本当に。

カレーの最終的な仕上がりは、"水"が鍵を握っています。鍋中の素材の味わいや香りを存分に楽しむなら"水"がオススメです。

材料
水 ……………………………………… 400ml

作り方
水を加えて煮立て、ふたをして弱火で5分ほど煮る。

ワンポイント
作りたいカレーの方向性を変えずに全体を整えるのが水の役割。ただひたすら鍋中の味わいを融合してくれます。量を増やせばさっぱりし、減らせば濃厚に。はじめは加えすぎず、足りなければ適宜足していきましょう。

アレンジのヒント
植物性のだしを使う。
ⓐ 水を増量
ⓑ 昆布、かつおだし
ⓒ 干ししいたけを戻しただし

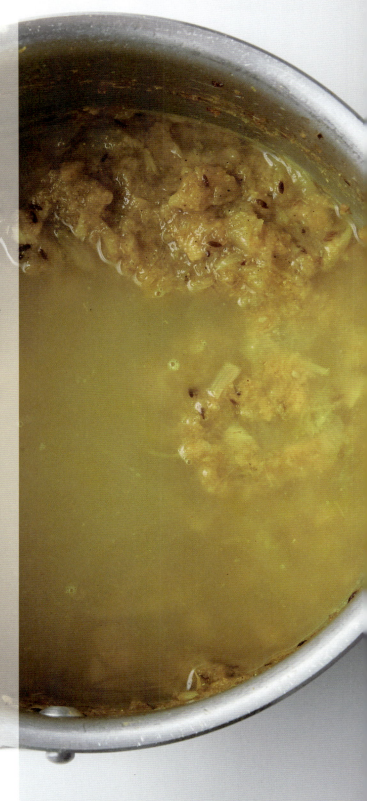

METHOD **5-B**

ブイヨンでノスタルジック

つまるところ、日本人はだしが好き！

僕たちがどこか根底で求めている"おいしさ"とはきっとだしのうま味だと思います。わかりやすく万人受けするのは鶏がらスープ。

材料

〈スープ用〉400ml（を使用）
- 鶏がら ……………………………… 1羽分
- 水 ……………………………… たっぷり

作り方

鶏がらスープの材料を鍋に入れて強火にかけ、煮立ったらアクをひき、ふたを開けたまま強火で2時間ほど煮る。適宜、水を足しながら、木べらで鶏がらをつぶしつつ、白濁してスープが400mlほどになるまで。

ワンポイント

はじめのうちはアクをできるだけ丁寧に引くようにします。その後はひたすらグツグツ、グラグラと煮て、濃厚な白濁スープを目指しましょう。鍋中の水分が減ってきたら一度漉してから二番だしを取るのもオススメ。

アレンジのヒント

鶏がらスープを取るときに追加の素材を使う。
- ⓐ ＋香味野菜
- ⓑ ＋エビなどの甲殻類
- ⓒ ＋白ワインなどのアルコール類

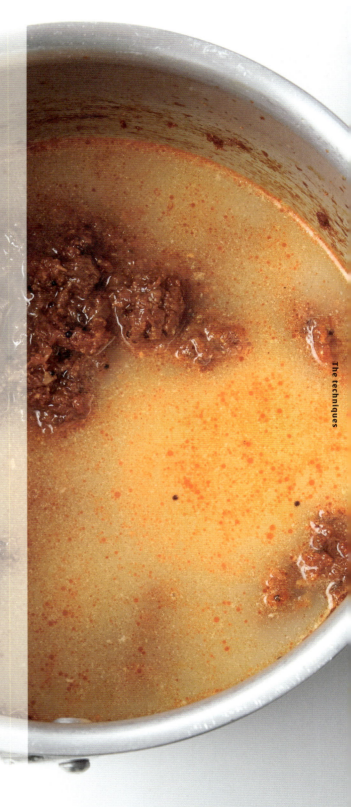

METHOD 5-C

ココナッツでエキゾチック

南国風のコクとまろやかさがさく裂する！

クリーミーで、濃厚で、マイルドで、まろやか。「ちょっと味が足りないかな」というカレーでもあっという間においしくなります。

材料
水 ……………………………………………… 200ml
ココナッツミルク ……………………………… 200ml

作り方
水を加えて煮立て、ココナッツミルクを加えて優しく煮る。

ワンポイント
水は煮立てるがココナッツミルクは煮立てない。ココナッツのフレーバーを残したければ煮込み時間は短く、全体になじませたければ長くしましょう。煮込みによる脱水でとろみが変わりますが、調整するときは水を使います。

アレンジのヒント
"白い液体"を前提にアレンジを考える。
ⓐ ココナッツミルクと水の比率を変える……
　　　　　ココナッツミルク：水＝1：3、3：1。
ⓑ ココナッツミルクを生クリームで代用する。
ⓒ ココナッツミルクを牛乳で代用する。

METHOD 6-A

ブライニングして煮るチキン

鶏肉をふっくら、そして、ジューシーに

肉の中に味を含め、かつ肉質をパサつかせないために有効な手法です。カレーに浮かぶ肉をぎゅっと噛んだときに至福のときが訪れます。

材料

鶏もも肉	400g
〈ブライニング用〉	
・水	500ml
・塩	15g
・砂糖	10g

作り方

ブライニング用の材料をすべてボウルに入れてよく混ぜ、鶏肉を加えて2〜3時間ほど置く。水を切って鍋に加え、ひと煮立ちさせてから弱火で優しくふつふつと20分ほど煮る。

ワンポイント

1時間より2時間、3時間と漬け込む時間を長くしたほうがよりおいしくなります。鍋に加えてからの煮込み時間は長すぎるとおいしさがソースへ出ていってしまうので要注意。鶏肉の中まで火が通ればOKです。

アレンジのヒント

選ぶ部位や下処理の方法を変える。
ⓐ 鶏ひき肉（もも）をさっとゆでてゆでこぼす。
ⓑ 鶏もも肉をソミュール液に漬ける。
ⓒ 鶏もも肉を熱湯にくぐらせる。

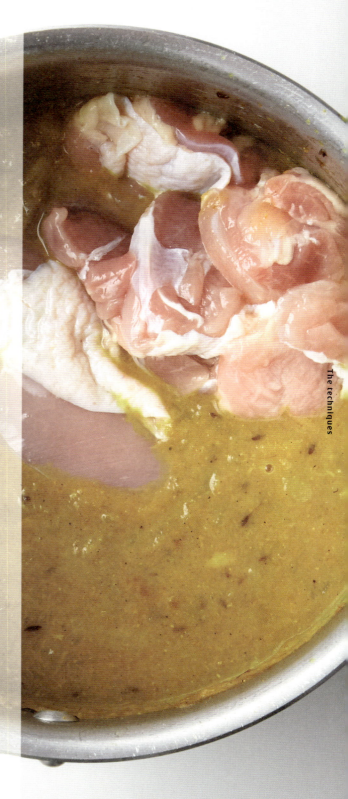

The techniques

METHOD 6-B

こんがり焼いて煮ないチキン

カレーは煮込まないほうがうまいって!?

チキンカレーの肉がこんなにおいしいなんて!?と必ずや驚いてもらえる手法です。煮込まないカレーは、きっと新定番になります。

材料
鶏もも肉 ………………………………… 400g

作り方
鶏もも肉は常温に戻し、塩・こしょう（分量外）をふっておく。フライパンなどで皮面からこんがりするまで焼き、7割がた火を通した状態で常温で休ませる。食べやすいサイズに切って肉汁や脂ごと鍋に加え、さっと煮る。

ワンポイント
皮面からきっちり敷き詰めるように並べ、皮面を焦げる手前くらいまで焼けば、裏面はそれほど火を通さなくても大丈夫です。下準備にふる塩は、10分、20分前よりも、1時間、2時間前のほうが味がしっかりと入ります。

アレンジのヒント
選ぶ部位や下処理の方法を変える。
ⓐ 鶏ひき肉（もも）をきっちり炒めてから加える。
ⓑ 鶏もも肉をオーブンで焼く。
ⓒ 鶏もも肉を炭火で焼く。

METHOD 6-C

マリネして
じっくり煮込むチキン

「骨付きならマリネ」がひとつの答え！
肉に下味がつく。肉が柔らかくなる。このふたつがヨーグルトでマリネする狙い。柔らかいのに味わい深い鶏肉を堪能してください。

材料
鶏もも肉（骨付きぶつ切り）............ 500g
〈マリネ用〉
・プレーンヨーグルト............ 大さじ2
・塩............ 小さじ1/2
・ブラックペッパー............ 小さじ1/2強

作り方
鶏肉はマリネ用の材料とよく混ぜ、2時間ほど（できればひと晩）漬け込んでおく。鍋に加えて煮立て、弱火にしてふたを開けたまま45分ほど煮込む。

ワンポイント
マリネ時間は、2時間よりもひと晩、まる1日……、と最長48時間までは長ければ長いほどおいしくなると思います。煮込み時間も45分よりも長いほうが肉質はほろほろとしますが、長すぎると味が抜けるので要注意。

アレンジのヒント
選ぶ部位や下処理の方法を変える。
ⓐ 骨付き鶏もも肉……にんにく、しょうが、レッドチリ、レモン汁、塩でマリネ
ⓑ 鶏手羽元……ヨーグルト、塩、こしょうでマリネ
ⓒ 鶏手羽元……にんにく、しょうが、レッドチリ、レモン汁、塩でマリネ

041

METHOD 7-A

フレッシュで印象的な香り

すっとさわやかな香りのカーテンコール！

仕上げに加える青っぽいさわやかな香りは、カレー全体の味わいを引き立てる演出をします。食べている途中にすっと消えていくのも魅力。

材料

【仕上げのスパイス】
- ローズマリー ………………………………… 1枝

作り方

鍋に加えてざっと混ぜ合わせ、火を止めてふたをして5分ほど置く。

ワンポイント

ローズマリーには強い香りがあるため、混ぜ合わせるだけで十分、香りが加わります。器に盛るときには食べずに取り除きましょう。ハーブ類はそれぞれ香りの出方が違うため、切り方や加熱の方法には少し工夫が必要です。

アレンジのヒント

フレッシュな素材で代用する。
- ⓐ しょうが（千切り）を加える。
- ⓑ 香菜（ざく切り）、こぶみかんの葉（千切り）、カレーリーフ（手揉み）などのハーブを加える。
- ⓒ ピーマン、ししとう、グリーンチリなどの野菜を刻んで加える。

METHOD 7-B

なじみ深い本格的な香り

そのカレーを"本物"にする香りの王様！

7種類のスパイスをいいバランスで配合していて、強く深みがあります。たったひとふりでカレーの顔つきを変えてしまうアイテムです。

材料

ガラムマサラ ……………………………… 小さじ1/2

作り方

鍋に加えてざっと混ぜ合わせ、火を止める。好みによって1〜2分ほど煮てもよい。

ワンポイント

パウダー状のスパイスを混ぜることで、ほどよく油脂分を吸収し、その香りがカレーの中に定着します。加えてから完成までの時間は短ければガラムマサラが際立ち、長くなれば、全体の風味になじむ。そこは好み次第です。

アレンジのヒント

粉状のもので代用する。
ⓐ ローステッドクミン、ローステッドチリ、ローステッドカレーパウダーなど
ⓑ 煎りすりごま
ⓒ だし粉

METHOD 7-C

力強く刺激的な香り

**よりはっきり個性を際立たせる
ストライカー！**

テンパリングという手法は、香りを増強させるだけでなく、香味や油のうま味も加えられていいとこどり。作っている本人も快感です。

材料

【仕上げのスパイス】
- 植物油 ……………………………… 大さじ2弱
- マスタードシード ………………… 小さじ1/2
- 玉ねぎ（細かいみじん切り）…… 小さじ2
- パプリカパウダー ………………… 小さじ1/2

作り方

小さめのフライパンに油を熱し、マスタードシードを加えて炒める。パチパチはじけてきたら玉ねぎを加えてこんがりイタチ色になるまで炒める。パプリカパウダーを加えてざっと混ぜ合わせ、そのまま煮込み鍋にジャーッと油ごと注ぐ。

ワンポイント

パプリカパウダーが焦げないように注意。ですが、香ばしい香りは立てたいので、ある程度は加熱したいです。フライパンに油やスパイスが残るのはもったいないので、煮込み鍋のソースを加えて混ぜ合わせるのもありです。

アレンジのヒント

さまざまな手法で香り油を加える。
ⓐ ラー油を垂らす。
ⓑ バターでモンテする。
ⓒ アレンジスパイスでテンパリングする。

メソッド全体像

全体像はつかめたかい？ カレーメソッドに従えば、もう、どこかのレシピに従う必要もないし、誰かに言われた通りに手を動かす必要もないのだよ。あなたのいちばん好きなレシピをあなた自身の力で生み出すことができる。あなたの今の気分を尊重して、昨日とは違う今日のカレーを創造することもできる。

え？ じゃあ、水野仁輔のレシピも要らなくなるんじゃないのか？ って？ 残念ながらそういうことになるかもね。誰にも頼らない。あなただけのカレーを探してみようじゃないか。

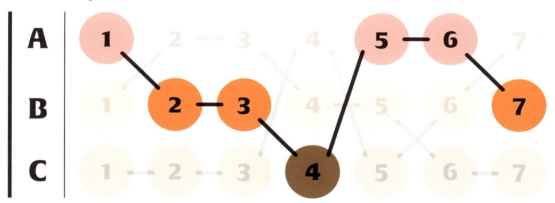

好みで選ぶだけ！

3の7乗＝**2,187**通りのチキンカレーができる！

さらにアレンジは無限に……

メソッドアレンジのヒント表

Chapter. 2

あなたはどんなカレーを作りたいですか？

Q1：はじめの香りには何を選びますか？
Q2：ベースの風味には何を選びますか？
Q3：うま味には何を選びますか？
Q4：中心の香りには何を選びますか？
Q5：水分には何を選びますか？
Q6：具には何を選びますか？
Q7：仕上げの香りには何を選びますか？

A …… あっさり
B …… スタンダード
C …… こってり

METHOD 1　はじめの香り

A とてもシンプルな香り
- [ ] 1-A-a ：ごま油
- [ ] 1-A-b ：マスタード油
- [ ] 1-A-c ：ココナッツ油

B 口の中ではじける香り
- [ ] 1-B-a ：＋フェヌグリークシード
- [ ] 1-B-b ：＋クラッシュドコリアンダーシード
- [ ] 1-B-c ：＋ウラッドダル

C しみじみ深みのある香り
- [ ] 1-C-a ：＋ブラックペッパー
- [ ] 1-C-b ：＋メース
- [ ] 1-C-c ：＋スターアニス

METHOD 2　ベースの風味

A 優しくまろやかなベース
- [ ] 2-A-a ：玉ねぎキツネ色
- [ ] 2-A-b ：玉ねぎタヌキ色
- [ ] 2-A-c ：玉ねぎヒグマ色

B スタンダードなベース
- [ ] 2-B-a ：玉ねぎイタチ色
- [ ] 2-B-b ：玉ねぎタヌキ色
- [ ] 2-B-c ：玉ねぎヒグマ色

C こってりガッツリベース
- [ ] 2-C-a ：玉ねぎイタチ色
- [ ] 2-C-b ：玉ねぎキツネ色
- [ ] 2-C-c ：玉ねぎヒグマ色

METHOD 3　うま味

A 野菜のおだやかなうま味
- [ ] 3-A-a ：オニオンペースト
- [ ] 3-A-b ：マッシュルームペースト
- [ ] 3-A-c ：カリフラワーペースト

B トマトの王道なうま味
- [ ] 3-B-a ：フレッシュトマト
- [ ] 3-B-b ：トマトピューレ
- [ ] 3-B-c ：ホールトマト＋ヨーグルト

C 乳製品の力強いうま味
- [ ] 3-C-a ：ヨーグルトを増量する
- [ ] 3-C-b ：粉チーズを加える
- [ ] 3-C-c ：バターを加える

メソッドのアレンジは、3タイプ×7ステップにとどまらない。
無限に可能性が広がる。いくつかのヒントをまとめてみた。

METHOD 4　中心の香り

A　すっきりさわやかな香り
- ☐ 4-A-a：＋ジンジャー
- ☐ 4-A-b：＋ジンジャー、キャラウェイ
- ☐ 4-A-c：＋ジンジャー、キャラウェイ、ホワイトペッパー

B　スタンダードでメジャーな香り
- ☐ 4-B-a：＋フェヌグリーク
- ☐ 4-B-b：＋フェヌグリーク、グリーンカルダモン
- ☐ 4-B-c：＋フェヌグリーク、グリーンカルダモン、ブラックペッパー

C　個性のある奥深い香り
- ☐ 4-C-a：＋ターメリック
- ☐ 4-C-b：＋ターメリック、パプリカ
- ☐ 4-C-c：＋ターメリック、パプリカ、フェヌグリークリーフ

METHOD 5　水分

A　水でストイック
- ☐ 5-A-a：水を増量
- ☐ 5-A-b：昆布、かつおだし
- ☐ 5-A-c：干ししいたけを戻しただし

B　ブイヨンでノスタルジック
- ☐ 5-B-a：＋香味野菜
- ☐ 5-B-b：＋エビなどの甲殻類
- ☐ 5-B-c：＋白ワインなどのアルコール類

C　ココナッツでエキゾチック
- ☐ 5-C-a：ココナッツミルクと水の比率を変える
- ☐ 5-C-b：ココナッツミルクを生クリームで代用する
- ☐ 5-C-c：ココナッツミルクを牛乳で代用する

METHOD 6　具

A　ブライニングして煮るチキン
- ☐ 6-A-a：鶏ひき肉（もも）をさっとゆでてゆでこぼす
- ☐ 6-A-b：鶏もも肉をソミュール液に漬ける
- ☐ 6-A-c：鶏もも肉を熱湯にくぐらせる

B　こんがり焼いて煮ないチキン
- ☐ 6-B-a：鶏ひき肉（もも）をきっちり炒めてから加える
- ☐ 6-B-b：鶏もも肉をオーブンで焼く
- ☐ 6-B-c：鶏もも肉を炭火で焼く

C　マリネしてじっくり煮込むチキン
- ☐ 6-C-a：骨付き鶏もも肉…にんにく、しょうがマリネ
- ☐ 6-C-b：鶏手羽元……………ヨーグルトマリネ
- ☐ 6-C-c：鶏手羽元…………にんにく、しょうがマリネ

METHOD 7　仕上げの香り

A　フレッシュで印象的な香り
- ☐ 7-A-a：しょうが
- ☐ 7-A-b：ハーブ
- ☐ 7-A-c：青野菜

B　なじみ深い本格的な香り
- ☐ 7-B-a：ローステッドクミンなど
- ☐ 7-B-b：煎りすりごま
- ☐ 7-B-c：だし粉

C　力強く刺激的な香り
- ☐ 7-C-a：ラー油を垂らす
- ☐ 7-C-b：バターでモンテする
- ☐ 7-C-c：アレンジスパイスでテンパリングする

Column 1 世界一のスパイス棚

「世界一かっこいいスパイス棚を作ってほしい」
僕はそうお願いしたんだ。あのとき、依頼を受けたデザイナーはさらりとこう言ったんだよ。
「世界一ね、わかった」
だから僕はずっと待ち続けた。棚はいっこうに来ないまま半年が過ぎた。それでも待った。あるとき、恵比寿の街中でデザイナーが僕を目撃したらしい。その会社の社長から連絡があった。
「今日、うちのデザイナーが見かけたらしいよ。『すげーおいしいカレーを作りそうな顔つきの男とすれ違った』って」
だから僕も言ってやったんだ。
「そいつ、世界一かっこいいスパイス棚をデザインしそうな顔してた？」

棚が納品されないまま1年が過ぎた。それでも待った。細かい注文を付けた覚えはない。ガラス瓶がずらっと収納できて、使わないときには紫外線を遮断できる構造にしてほしい、とだけ。さすがにしびれを切らした僕は、社長に尋ねた。
「棚、どうなった？」
「いや、それがね、『世界1位は時間がかかる』って言うんだよ」
「じゃあさ、世界6位くらいでいいよ」
妥協した甲斐があったのか、ついに棚がやってきた。ヤアヤアヤア！ まるで巨大なスーツケースを縦に置いたようだった。グランドピアノみたいに黒光りしていて、かっこいい。
「結局、この棚、世界何位くらいなの？」
「まあ、日本では確実に1位だよね。世界では……、3位かな」
「じゃ、1位と2位はどこの？」
「知らないけど」

社長とデザイナーが楽しそうに棚の表面にAIR SPICEのロゴマークを取り付けている。「本気出したら2週間くらいだったね」とかなんとか言いながら。その口調が「俺たちの手にかかれば」みたいな感じで得意気だったから、「じゃあ、その2週間を1年前にやれよ」と言ったら、「そういうもんじゃないんだよね」とニヤリ。
わかるよ、その感じ。いいものを生み出すには時間がかかる。それがたとえボーっとしている時間だったとしてもね。
ただ、むかつくから「わかるよ」とは絶対に言わないけれどね。

Special Thanks：株式会社ハウストラッド

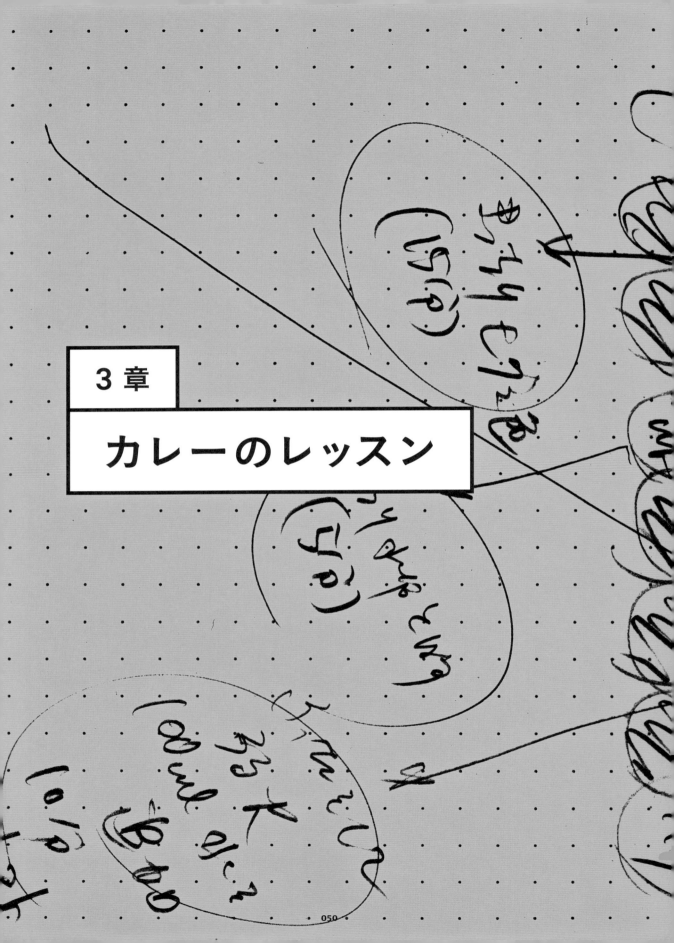

3章
カレーのレッスン

世の中のカレーにはたったの2種類しかない。
メソッドで作るおいしいカレーと
そうじゃないその他のカレーだ。……なあんてね。
水野仁輔

*There are simply two kinds of music,
good music and the other kind.*
Duke Ellington

メソッドで作るチキンカレー
スタンダードモード徹底解説

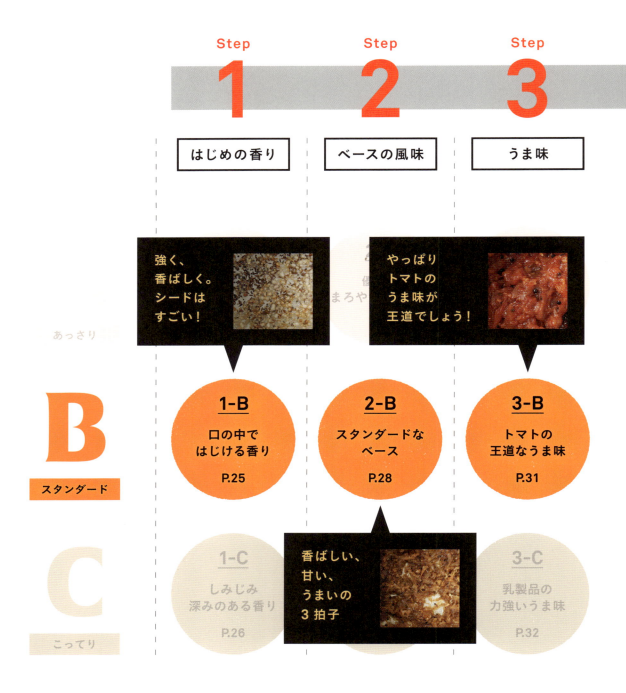

カレーメソッドの中で、
7ステップすべてで「B：スタンダード」を選んだときの
調理プロセスを詳細に解説しよう。

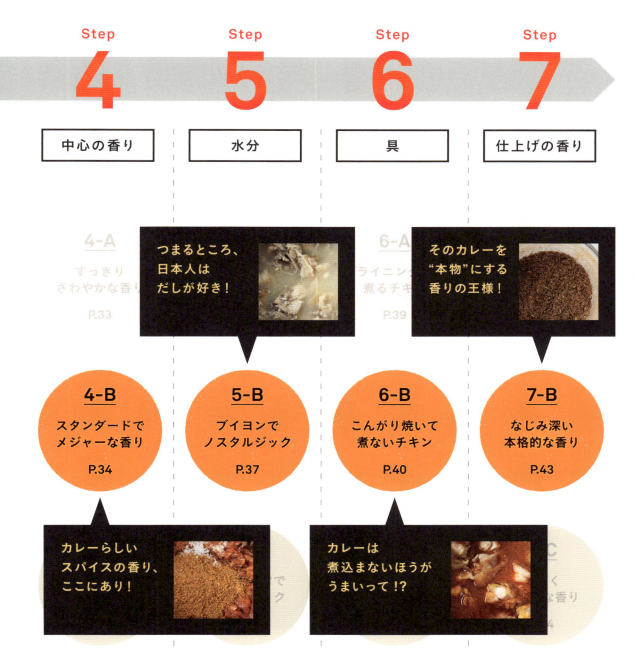

メソッドで作るチキンカレー
スタンダード

材料を切る

材料 4人分

- 植物油 …………………………… 大さじ3
- 【はじめのスパイス】
  - ● ブラウンマスタードシード ……… 小さじ1/2
  - ● クミンシード ………………………… 小さじ1/2
  - ● フェンネルシード …………………… 小さじ1/2
- にんにく …………………………………… 1片(10g)
- しょうが …………………………………… 1片(10g)
- 玉ねぎ …………………………………… 大1個(300g)
- ホールトマト ……………………………… 200g
- 【中心のスパイス】
  - ● ターメリックパウダー ……………… 小さじ1/2
  - ● レッドチリパウダー ………………… 小さじ1/2
  - ● パプリカパウダー …………………… 小さじ1
  - ● クミンパウダー ……………………… 小さじ2
  - ● コリアンダーパウダー ……………… 小さじ4
- 塩 ………………………………………… 小さじ1
- 〈鶏がらスープ〉 …………………………… 400ml
  - ・鶏がら ………………………………… 1羽分
  - ・水 ……………………………………… 適量(たっぷり)
- 鶏もも肉 …………………………………… 400g
- 【仕上げのスパイス】
  - ● ガラムマサラ ………………………… 小さじ1/2

下準備・切る

1. にんにくはたたきつぶしてからみじん切りにする。

2. しょうがはたたきつぶしてからみじん切りにする。

3. 玉ねぎは縦半分に切ってから繊維に沿ってスライスにする。少し厚めでもよい。

4. ホールトマトは手でつぶしておく。

5. 鶏もも肉は常温に戻し、塩・こしょう(分量外)をふって皮面に切り込みを入れておく。

作り方

1 鍋に油を中火で熱し、スパイスを加えて炒める。マスタードシードがパチパチとはじけてくるまで。にんにくとしょうがを加えてキツネ色になるまで炒める。

2 玉ねぎを加えてざっと鍋中を混ぜ合わせて強火にし、焼きつけるように炒める。

3 玉ねぎが加熱されて水分が抜けはじめ、しんなり透明になってくる。

4 あまり鍋中をかき混ぜないようにしてキツネ色を目指す。

5 少しずつ火を弱め、木べらを動かす頻度を増やしながら炒める。

6 表面全体がキツネ色になるまで。

メソッドで作るチキンカレー
スタンダード

中心の香りまで

作り方

1 トマトを手でしっかりつぶしながら鍋に加える。

2 木べらを使ってつぶしながら炒める。

3 水分がきっちり飛ぶまで強めの中火で炒める。

4 じんわりと油がにじみ出てきて、鍋底を木べらでこすってもペーストが動かなくなる程度まで脱水する。

5 弱火にし、中心のスパイスと塩を加えて炒め合わせる。

6 しっかり香りが立ってくるまで、2分以上は炒めたい。

メソッドで作るチキンカレー
スタンダード

スープを作る

作り方

1 鶏がらは脂身の部分を適度に切り除き、さっと水で洗っておく。

2 鍋に鶏がらを入れ、水を注ぎ入れて強火にかける。

3 煮立ったらアクを引く。

4 ふたを開けたまま強火で2時間ほど煮る。適宜、水を足しながら。

5 木べらで鶏がらをつぶす。

6 木べらで鶏がらをつぶしながら、白濁してスープが400mlほどになるまで。

メソッドで作るチキンカレー
スタンダード

チキンを焼く

Chapter. 3

METHOD MAP

	1	2	3	4	5	6	7
A	1	2	3	4	5	↓6	7
B	1—2—3—4—5—6						7
C	1	2	3	4	5	6	7

062

作り方

1 鶏もも肉は常温に戻し、塩・こしょう（分量外）をふっておく。塩は1〜2時間前がいい。こしょうは直前がいい。

2 フライパンに皮面がピタリと張り付くように並べて強火にかける。

3 皮面がこんがりするまで焼き、裏返す。

4 裏側はそれほどきっちり焼かなくてよい。

5 7割がた火を通した状態で常温で休ませる。

6 食べやすいサイズに切る。

メソッドで作るチキンカレー
スタンダード

ソースの完成

| 作り方 |

1

鍋にスープを注ぐ。

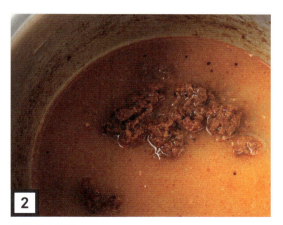

2

強火にかける。

3

ざっと混ぜ合わせて一度煮立てる。

4

鍋中全体がよく混ざるように。

5

焼いた鶏肉を肉汁ごと加えてざっと混ぜ合わせる。

6

鶏肉を加えた後は、ほとんど煮る必要はない。

作り方

材料

【ホールスパイス】（小さじ1/2を使用）
- グリーンカルダモン ……………………… 15粒
- ビッグカルダモン ………………………… 1粒
- クミンシード ……………………………… 小さじ1/2
- コリアンダーシード ……………………… 小さじ1/2
- シナモン …………………………………… 1本
- クローブ …………………………………… 20個
- ブラックペッパー ………………………… 40個

1 ガラムマサラに使う7種のスパイスを準備する。

2 フライパンで乾煎りする。うっすら煙が立ってくるかこないか、というタイミングまで。

3 粗熱を取り、ミルサーで挽く。

4 使わない分は密閉容器に入れて保存するとよい。

5 ガラムマサラをカレーの鍋に加えてざっと混ぜ合わせ、火を止める。好みによって1〜2分ほど煮てもよい。

うまい！

他のバリエーションも作ってみる？

The steps

ごはん
おかわり！

メソッドで作る
チキンカレー①
あっさりモード

Chapter. 3

METHOD MAP

	1	2	3	4	5	6	7
A	1 — 2 — 3 — 4 — 5 — 6 — 7
B	1	2	3	4	5	6	7
C	1	2	3	4	5	6	7

材料 4人分	
植物油	大さじ2
【はじめのスパイス】	
● クミンシード	小さじ1
にんにく	1片(10g)
しょうが	1片(10g)
玉ねぎ	2個(400g)
〈ベジタブルペースト用〉	
・セロリ	1/2本(75g)
・長ねぎ	1本(75g)
・水	300ml
【中心のスパイス】	
● ターメリックパウダー	小さじ1/2
● フェヌグリークパウダー	小さじ1/2
● フェンネルパウダー	小さじ1
● グリーンカルダモンパウダー	小さじ2
● コリアンダーパウダー	小さじ4
塩	小さじ1
水	400ml
鶏もも肉	400g
〈ブライニング用〉	
・水	500ml
・塩	15g
・砂糖	10g
【仕上げのスパイス】	
● ローズマリー	1枝

下準備

◇ ベジタブルペーストを作る。鍋にペースト用の材料をすべて入れて火にかけ、煮立ったら野菜がくたっと柔らかくなるまで中火で煮る。目安は、水分量が1/3程度になるくらい。煮汁は、100mlを使う。火を止めて粗熱を取り、ミキサーでペーストにする。

◇ ブライニング用の材料をすべてボウルに入れてよく混ぜ、鶏肉を加えて2〜3時間ほど置く。

作り方

1 鍋に油を中火で熱し、クミンシードを加えて炒める。シュワシュワと泡立ってきたらさらに炒め、少し濃いめの茶色に変わるまで。

メソッドで作るチキンカレー① あっさりモード

2 にんにくとしょうがを加えて表面がこんがりするまで炒める。キツネ色になるまで。

3 玉ねぎを加え、400mlほどの水（分量外）を加えてふたをし、強火で15分ほど蒸し煮する。水分が飛んで焦げ付きそうになる前に適宜、水を加える。

4 ふたを開けてさらに10分ほど強火のまま水分を飛ばすように煮詰め、イタチ色になるまで炒める。玉ねぎはしんなりした状態。

5 ベジタブルペーストを加えて水分を飛ばすように炒める。木べらを使って、玉ねぎをつぶすようにしながら。

弱火にし、中心のスパイスと塩を加えて炒め合わせる。しっかり香りが立ってくるまで、2分以上は炒めたい。

水を加えて煮立て、ふたをして弱火で5分ほど煮る。

ブライニングした鶏肉の水を切って鍋に加え、ひと煮立ちさせてから、ふたを開けたまま弱火で優しくふつふつと20分ほど煮る。

ローズマリーを加えてざっと混ぜ合わせ、火を止めてふたをして5分ほど置く。

メソッドで作る
チキンカレー②
こってりモード

Chapter. 3

METHOD MAP

A	1	2	3	4	5	6	7
B	1	2	3	4	5	6	7
C	1	2	3	4	5	6	7

材料 4人分

植物油	大さじ4
【はじめのスパイス】	
● グリーンカルダモン	5粒
● クローブ	7粒
● シナモン	1/2本
玉ねぎ	1個(200g)
にんにく	大1片(15g)
しょうが	大1片(15g)
プレーンヨーグルト	100g
【中心のスパイス】	
● クローブパウダー	小さじ1/2
● フェンネルパウダー	小さじ1/2
● ブラックペッパーパウダー	小さじ1
● コリアンダーパウダー	小さじ2
● クミンパウダー	小さじ4
塩	小さじ1
水	200ml
ココナッツミルク	200ml
鶏もも肉(骨付きぶつ切り)	500g
〈マリネ用〉	
・プレーンヨーグルト	大さじ2
・塩	小さじ1/2
・ブラックペッパー	小さじ1/2強
【仕上げのスパイス(テンパリング用)】	
・植物油	大さじ2弱
・玉ねぎ(細かいみじん切り)	小さじ2
● パプリカパウダー	小さじ1/2
● マスタードシード	小さじ1/2

下準備

◇ 玉ねぎは縦1/4に切ってから繊維に沿ってスライスする。

◇ にんにく、しょうがはすりおろし、50mlの水(分量外)と混ぜ合わせておく。

◇ 鶏肉はマリネ用の材料とよく混ぜ、2時間ほど(できればひと晩)漬け込んでおく。

作り方

1 鍋に油とスパイスを加え、油が冷たいうちから弱火にかけてじっくり香りを出していく。カルダモンがぷくっと膨らんでくるのが目安。

2 玉ねぎを加えてざっと混ぜ合わせたら強火にする。

メソッドで作るチキンカレー② こってりモード

3 揚げるような感覚で炒める。

4 濃いキツネ色になるまで炒めたら、にんにく＆しょうがジュースを加え、水分が完全に飛ぶまで炒める。

5 仕上がりがタヌキ色になる状態を目指す。

6 ヨーグルトを加えてざっと混ぜ合わせ、弱火にして炒める。水分がある程度抜けるまで、3分ほど。

7 弱火にし、中心のスパイスと塩を加えて炒め合わせる。しっかり香りが立ってくるまで、2分以上は炒めたい。

8 水を加えて煮立て、ココナッツミルクを加えて弱火にして優しく煮る。マリネした肉を加えて煮立てる。

9 弱火にしてふたを開けたまま45分ほど煮込む。水分が足りなくなってきたら、その都度、分量外の水を加える。

10 小さめのフライパンに油を熱し、マスタードシードを加えて炒める。パチパチはじけてきたら玉ねぎを加えてこんがりイタチ色になるまで炒める。パプリカパウダーを加えてざっと混ぜ合わせ、そのまま煮込み鍋にジャーッと油ごと注ぐ。

メソッドで作る
チキンカレー③
こっくりモード

Chapter 3

METHOD MAP

	1	2	3	4	5	6	7
A	1	2	3	4	5	6	7
B	1	2	3	4	5	6	7
C	1	2	3	4	5	6	7

材料 4人分

植物油	大さじ4
【はじめのスパイス】	
● クミンシード	小さじ1
玉ねぎ	1個（200g）
にんにく	大1片（15g）
しょうが	大1片（15g）
ホールトマト	200g
【中心のスパイス】	
● クローブパウダー	小さじ1/2
● フェンネルパウダー	小さじ1/2
● ブラックペッパーパウダー	小さじ1
● コリアンダーパウダー	小さじ2
● クミンパウダー	小さじ4
塩	小さじ1
水	400ml
鶏もも肉（骨付きぶつ切り）	500g
〈マリネ用〉	
・プレーンヨーグルト	大さじ2
・塩	小さじ1/2
・ブラックペッパー	小さじ1/2強
【仕上げのスパイス】	
● ディル（ざく切り）	適量

下準備

◇玉ねぎは縦1/4に切ってから繊維に沿ってスライスする。
◇にんにく、しょうがはすりおろし、50mlの水（分量外）と混ぜ合わせておく。
◇鶏肉はマリネ用の材料とよく混ぜ、2時間ほど（できればひと晩）漬け込んでおく。

作り方

1 鍋に油を中火で熱し、クミンシードを加えて炒める。シュワシュワと泡立ってきたらさらに炒め、少し濃いめの茶色に変わるまで。玉ねぎを加えてざっと混ぜ合わせたら強火にする。揚げるような感覚で炒める。

2 濃いキツネ色になるまで炒めたら、にんにく＆しょうがジュースを加え、水分が完全に飛ぶまで炒める。仕上がりがタヌキ色になる状態を目指す。

079

3 ホールトマトを手でしっかりつぶしながら鍋に加え、さらに木べらを使ってつぶしながら炒める。

4 水分がきっちり飛ぶまで強めの中火で炒める。じんわりと油がにじみ出てきて、鍋底を木べらでこすってもペーストが動かなくなる程度まで脱水する。

5 弱火にし、中心のスパイスと塩を加えて炒め合わせる。

6 しっかり香りが立ってくるまで、2分以上は炒めたい。

7 水を加えて煮立て、ふたをして弱火で5分ほど煮る。

8 マリネした鶏肉を加えて煮立てる。

9 弱火にしてふたを開けたまま45分ほど煮込む。

10 ディルを加えてざっと混ぜ合わせ、火を止めてふたをして5分ほど置く。

メソッドで作る
チキンカレー④
しっかりモード

METHOD MAP		1	2	3	4	5	6	7
	A		2—3					
	B				4		6—7	
	C	1				5		

材料 4人分

植物油	大さじ2
【はじめのスパイス】	
● グリーンカルダモン	5粒
● クローブ	7粒
● シナモン	1/2本
にんにく	1片(10g)
しょうが	1片(10g)
玉ねぎ	2個(400g)
〈ベジタブルペースト用〉	
・セロリ	1/2本(75g)
・長ねぎ	1本(75g)
・水	300ml
【中心のスパイス】	
● ターメリックパウダー	小さじ1/2
● レッドチリパウダー	小さじ1/2
● パプリカパウダー	小さじ1
● クミンパウダー	小さじ2
● コリアンダーパウダー	小さじ4
塩	小さじ1
水	200ml
ココナッツミルク	200ml
鶏もも肉	400g
【仕上げのスパイス】	
● ガラムマサラ	小さじ1/2

下準備

◇にんにく、しょうがは包丁の腹でたたきつぶしておく。玉ねぎは、くし形切りにする。

◇ベジタブルペーストを作る。鍋にベジペースト用の材料をすべて入れて火にかけ煮立ったら野菜がくたっと柔らかくなるまで中火で煮る。目安は、水分量が1/3程度になるくらい。煮汁は、100mlを使う。火を止めて粗熱を取り、ミキサーでペーストにする。

◇鶏もも肉は常温に戻し、塩・こしょう（分量外）をふっておく。フライパンなどで皮面からこんがりするまで焼き、7割がた火を通した状態で常温で休ませる。食べやすいサイズに切って肉汁や脂ごと取っておく。

作り方

1 鍋に油とスパイスを加え、油が冷たいうちから弱火にかけてじっくり香りを出していく。カルダモンがぷくっと膨らんでくるのが目安。にんにくとしょうがを加えて表面がこんがりするまで炒める。

2 玉ねぎを加え、400mlほどの水（分量外）を加える。

メソッドで作るチキンカレー④　　しっかりモード

ふたをし、強火で15分ほど蒸し煮する。早く水分が飛んでしまうこともあるため注意したい。

水分が飛んで焦げ付きそうになる前に適宜、水（分量外）を加える。

ふたを開けてさらに10分ほど強火のまま水分を飛ばすように煮詰める。木べらで玉ねぎをつぶしながら。

イタチ色になるまで炒める。

ベジタブルペーストを加えて水分を飛ばすように炒める。

弱火にし、中心のスパイスと塩を加えて炒め合わせる。しっかり香りが立ってくるまで、2分以上は炒めたい。

100mlの水を加えて煮立て、ふたをして弱火で10分ほど煮る。ふたを開けて混ぜ合わせ、残りの水を加えて煮立て、ココナッツミルクを加えて優しくさっと煮る。

焼いた鶏肉を鍋に加え、さっと煮る。ガラムマサラを加えてざっと混ぜ合わせ、火を止めてふたをして5分ほど置く。

メソッドで作る
チキンカレー⑤
きっちりモード

材料 4人分

植物油 ……………………………… 大さじ3
【はじめのスパイス】
- ● ブラウンマスタードシード ………… 小さじ1/2
- ● クミンシード ……………………… 小さじ1/2
- ● フェンネルシード ………………… 小さじ1/2

にんにく ……………………………… 1片（10g）
しょうが ……………………………… 1片（10g）
玉ねぎ ………………………………… 大1個（300g）
プレーンヨーグルト …………………… 100g
【中心のスパイス】
- ● ターメリックパウダー …………… 小さじ1/2
- ● フェヌグリークパウダー ………… 小さじ1/2
- ● フェンネルパウダー ……………… 小さじ1
- ● グリーンカルダモンパウダー ……… 小さじ2
- ● コリアンダーパウダー …………… 小さじ4

塩 ……………………………………… 小さじ1
〈鶏がらスープ〉 …………………… 400ml
- ・鶏がら ……………………………… 1羽分
- ・水 …………………………………… 適量（たっぷり）

鶏もも肉 ……………………………… 400g
〈ブライニング用〉
- ・水 …………………………………… 500ml
- ・塩 …………………………………… 15g
- ・砂糖 ………………………………… 10g

【仕上げのスパイス】
- ・植物油 ……………………………… 大さじ2弱
- ・玉ねぎ（細かいみじん切り） ……… 小さじ2
- ● パプリカパウダー ………………… 小さじ1/2
- ● マスタードシード ………………… 小さじ1/2

下準備

◇にんにく、しょうがはたたきつぶしてからみじん切りにする。
◇玉ねぎは縦半分に切ってから繊維に沿ってスライスにする。
◇鶏がらスープの材料を鍋に入れて強火にかけ、煮立ったらアクを引き、ふたを開けたまま強火で2時間ほど煮る。適宜、水を足しながら、木べらで鶏がらをつぶしつつ、白濁してスープが400mlほどになるまで。
◇ブライニング用の材料をすべてボウルに入れてよく混ぜ、鶏肉を加えて2〜3時間ほど置く。

作り方

1 鍋に油を中火で熱し、スパイスを加えて炒める。マスタードシードがパチパチとはじけてくるまで。

2 にんにくとしょうがを加えてキツネ色になるまで炒める。

メソッドで作るチキンカレー⑤　　　きっちりモード

3 玉ねぎを加えてざっと鍋中を混ぜ合わせて強火にし、焼きつけるように炒める。あまり鍋中をかき混ぜないようにする。

4 少しずつ火を弱め、木べらを動かす頻度を増やしながら。15分ほどかけて表面全体がヒグマ色になるまで炒める。

5 ヨーグルトを加えて中火で炒める。水分がしっかり抜けるまで、5分ほど。

6 弱火にし、中心のスパイスと塩を加えて炒め合わせる。しっかり香りが立ってくるまで、2分以上は炒めたい。

スープを鍋に加えて煮立てる。100mlの水（分量外）を加えて煮立て、ふたをして弱火で10分ほど煮る。

ふたを開けてブライニングした鶏肉の水を切って鶏肉だけを鍋に加える。

ひと煮立ちさせてから、ふたを開けたまま弱火で優しくふつふつと20分ほど煮る。水分が足りなくなってきたら、その都度、分量外の水を加える。

小さめのフライパンに油を熱し、マスタードシードを加えて炒める。パチパチはじけてきたら玉ねぎを加えてこんがりイタチ色になるまで炒める。パプリカパウダーを加えてざっと混ぜ合わせ、そのまま煮込み鍋にジャーッと油ごと注ぐ。

Column 2

小さなラボ、大きな未来

学生が一人暮らしをするような間取りの小さな部屋をラボにしている。毎朝、自転車で"出勤"する。狭いベランダに置いているカレーリーフやシナモンツリーに水をやり、小さな4人掛けテーブルの左奥に座る。BGMにオールディーズソングをかけながら仕事に励むんだ。
周りを囲む棚にはおびただしい数の資料や道具が並んでいる。スパイスたちは、ケースに入れて積んである。キャスター付きでコロコロ動かせるのがちょっとした自慢だけど、角度を変える程度のスペースしかない。調理場は二口のガスコンロが窮屈そうに置かれ、シンクは小さすぎて寸胴鍋がはみ出してしまう。中央に鈍い輝きを見せるメタリックな作業テーブルが鎮座しているから、誰かの後ろを通るときは、「ちょっと失礼」とお腹を凹ませている。

そもそも建物が古くてね、築40年くらいは経っているのかな。材木屋さんが1階にあって、ちっとも素敵じゃないところがとっても素敵だなと思って気に入っている。隣にはおしゃれなデザイナーズマンションがある。僕に会いに来る人の3人に1人は間違えて隣のマンションへ入っていく。
「まさか水野さんのラボがこんな場所で、こんなに狭いとこだとは思いませんでしたよ。もっと広くておしゃれで、美人の秘書やスタッフが数名いるイメージでした」
そんな風に言われたこともあったな。まったく余計なお世話だよ。

こんなところだけれど、いつもいろんな人がやってきては、一緒にカレーを作ったり、スパイス談義をしたり、和気あいあいと仕事をしたりしている。もっと広くておしゃれな空間にしたいだなんて思わない。狭くても窮屈でも少々不便でもいい。
小さなラボで大きな未来を夢想するのさ。ここで誰も思いつかなかったような斬新なアイデアを閃き、どこにもなかったようなおもしろいアウトプットを発信し続けていけたら、素晴らしいことじゃないか。
鍵を忘れて中に入れないときだけは、愛が憎しみに変わるのだけれどね。

4章
スパイスメソッド

スパイスをブレンドするときに決して失敗を恐れるな。
メソッドを使いさえすれば、
失敗なんて起こりえないんだ。……なあんてね。
水野仁輔

Do not fear mistakes. There are none.
Miles Davis

1 どんなスパイスを使えば カレーになるの？

「スパイスでカレーを作りたい。どんなスパイスを使えばいい？」

これまで何度そう聞かれたかわからない。スーパーに行ってさ、棚から何本かを選べばいい。フィーリングだよ、フィーリング。何をどう混ぜたってカレーはできるんだから。……と言いたいところだけれど、そうはいかない。スパイスの香りは不思議なもので、"あれ"と"これ"を混ぜるとカレーになるのに、"これ"と"それ"を混ぜたらカレーにはならない。"あれ"を入れすぎるのはいいけれど、"これ"を入れすぎるとダメになる。あなたのフィーリングを発動するのは、基本を習得してからだ。

最低 3 種と考えよう

「できるだけ少ないスパイスでカレーを作れませんか？」

みんなそう言うよね。そりゃそうだ。未知の世界に手を出すのに、いっぱい買い込んでくるには勇気がいる。上手にできなかったら、飽きてしまったら、大量のスパイスがキッチンに残る。だから僕は「黄色・赤色・茶色」の3種類だけ買ってきて、とお願いするんだ。これでカレーになる。約束できる。それならやってみようか、という気持ちになってくれるよね。

	ターメリック	黄色。土っぽい香り。
	レッドチリ	赤色。香ばしい香り。鮮烈な辛味。
	コリアンダー	茶色。甘くさわやかな香り。

5 種そろえば上出来

「なんだか歯止めが利かなくなりそうです」

いいねぇ、いいねぇ。じゃあ、とっておきのを教えてあげよう。ちょっと卑怯なスパイスなんだ。複数のスパイスをあらかじめブレンドしたもの。ミックススパイスと呼ばれたりする。5種類めのスパイスを加えた瞬間に一気に10種類近くのスパイスが加わることになる。

	ガラムマサラ	焦げ茶色。奥深い香り。

基本は 4 種にしよう

「もう1種類くらい買いたくなってきました」

まあそうなるよね、たいていは。もちろん、使えるなら3種類よりも4種類のほうがいい。あと1種類増やすだけで、香りのバラエティは驚くほど広がるのさ。だから僕は何のためらいもなく、もうひとつの茶色を推薦する。この4種類のスパイスがあれば、少なくとも5年はカレーライフが楽しめる。いや、10年以上かもしれない。

	クミン	茶色。ツンと刺激的な香り。

6 種めはオプションで

「あのぉ、辛いカレーが苦手なんですが……」

織り込み済みさ、その発言は。辛味を加えるスパイスはレッドチリだから、それをやめればいい。でもレッドチリの香りがカレーからいなくなるのは寂しいんだ。レッドチリと色も香りも似ているけれど、辛味はないスパイス。そんな都合のいいスパイスがあるんだろうか？あるんです！ってお前、誰だよ……。

	パプリカ	赤色。香ばしい香り。

さて、何種類使う？

さ、ブレンドしてみよう。

ひとつずつの香りを確認しながら混ぜてみよう。

ターメリック。土っぽくていい香り。鮮やかな黄色が透明のボトルに入ってる。これから加えていくたびに色が変わっていくよ。

レッドチリ。香ばしい香り。黄色の上に赤い層ができたらよく混ぜ合わせる。明るいオレンジ色に。まだカレーの香りはしないはず。

クミン。ツンとした刺激的な香り。単体でインド料理を想起させる強力なアイテム。色が深まり、カレーっぽさもアップ！

コリアンダー。甘くさわやかな香り。香りはどう？　そう、突然、カレーの香りが生まれるんだ。4種ではっきりとカレーになる。

ガラムマサラ。奥深い重層的な香り。色もいちばん濃い茶色。加えるとカレー屋さんに来たような本格的な香りが生まれるはず。

さらに香りを進化させるなら焙煎と熟成だ。乾煎りすると香りが立つ。粗熱を取って密閉容器で保存すると丸みのある香りになる。

3 どんな比率で配合すればいい？

コリアンダーだけ4倍！

スパイスの配合について大事なことを教えてくれたインド人シェフがいた。秘伝の手法は何だったと思う？ こう言ったんだ。
「好きなスパイスを好きなだけ持ってきなさい。すべてを1：1：1：1の割合で混ぜて、最後にコリアンダーだけ4倍加えればいい」
なんとわかりやすい配合方法だこと！ すぐにでも実践したくなる。だからやってみることにした。5種類のスパイスを準備する。ターメリック、レッドチリ、コリアンダー、クミン、ガラムマサラ。そして、コリアンダー以外のスパイスをわかりやすく小さじ1ずつ混ぜ合わせる。最後にコリアンダーをその4倍、小さじ4加えた。

ターメリック	小さじ1
レッドチリ	小さじ1
クミン	小さじ1
ガラムマサラ	小さじ1
コリアンダー	小さじ4

抜群にいい香りになった。さらに運がよかったのは、混ぜたスパイスの総量が小さじ8（大さじ2＋小さじ2）だったことだ。これは、4人分のカレーを作るのにぴったりの量。
興奮した僕は、小さな長方形を4つ描いて、ターメリック、レッドチリ、クミン、ガラムマサラと書き入れ、それを4個つなぎ合わせた大きな長方形を1つ描いて、コリアンダーと書き入れた。並べるときれいな正方形になる。

この後に僕は大変なメソッドを発見してしまったのだ！

スパイスメソッドのはじまり

不思議な箱

小さじ8の正方形を前に僕は考えた。来る日も来る日も。大げさじゃなく、毎日のように考えた。この四角い箱の中を様々なスパイスで満たしていけば、おいしいカレーの香りができる。でも、変な入れ方をすればまずいカレーになる。不思議な箱である。イメージしたのはこんなことだ。

> 四角い箱に一定のルールに従って、間仕切りを作る。すると箱の中がいくつかの部屋に分かれるよね。小さい部屋もあれば大きい部屋もある。ここにそれぞれ別のスパイスを入れていく。すべての部屋が個別のスパイスでいい香りになったら、間仕切りをさっと抜くんだ。そのまま箱を持って軽く振れば、箱の中のすべてのスパイスが混ざり合う。するとカレーのいい香りがしてくるんだ。

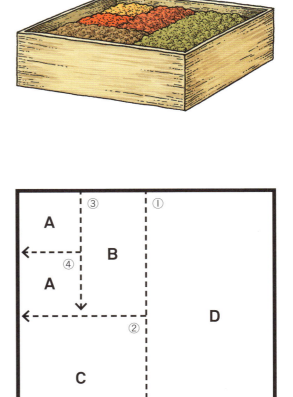

実際に正方形の中に線を引いてみることにした。できるだけ規則的なほうが美しい。まず、左右半分になるよう、1本目の線を引いた①。次に左側の部屋を上下半分になるよう、2本目の線を引く②。次に左上の部屋を左右半分に3本目③。最後にその左側の部屋を上下半分に4本目④。4本の線を引いたのだから、部屋は5つできる。なかなか美しい間取り。箱の総量が小さじ8だから、各部屋に入れるスパイスの量はすぐに計算できる。

いちばん小さな部屋（正方形）A ………… 小さじ 1/2
次に大きな部屋（長方形）B ………………… 小さじ 1
次に大きな部屋（正方形）C ………………… 小さじ 2
いちばん大きな部屋（長方形）D …………… 小さじ 4

総合計 ……………………………………………… 小さじ 8

これを基本形としてみようか。

5 スパイスメソッドの基本形

黄色と赤色をちょっとずつ、茶色をどっさり

カレーを作るためのスパイスをブレンドするとき、ターメリック（黄色）とレッドチリ（赤色）は、少しでいい。逆にクミン（茶色）やコリアンダー（茶色）もたくさん使いたい。これが基本形。バランスのいい香りを作ることができる。さて、実際にスパイスで埋めてみよう。いちばん小さな部屋に黄色と赤。大きい部屋ふたつに茶色。ひとつ、部屋が残るから、パプリカを入れてみる。

実は、これ、スタンダードブレンドである。すなわち、王道を行く、とてもいい香りのカレーを作ることができる。同様に各部屋を別のスパイスで埋めてみれば、別のブレンドができあがる。

スタンダードブレンド

A：ターメリック ………… 小さじ 1/2
A：レッドチリ …………… 小さじ 1/2
B：パプリカ ……………… 小さじ 1
C：クミン ………………… 小さじ 2
D：コリアンダー ………… 小さじ 4

不思議な箱が
魔法の箱に

あれこれ実験しているうちにわかってきたんだ。たくさん入れても大丈夫なスパイスとそうでないスパイスがある。それは僕がわかっているわけだから、あらかじめどの部屋に何のスパイスを入れられるかをこちらで決めてしまえばいいじゃないか。

さわやかブレンド

A：ターメリック ………… 小さじ 1/2
A：フェヌグリーク ……… 小さじ 1/2
B：フェンネル …………… 小さじ 1
C：カルダモン …………… 小さじ 2
D：コリアンダー ………… 小さじ 4

奥深いブレンド

A：フェンネル …………… 小さじ 1/2
A：ガラムマサラ ………… 小さじ 1/2
B：ブラックペッパー …… 小さじ 1
C：コリアンダー ………… 小さじ 2
D：クミン ………………… 小さじ 4

僕は無数のスパイスから、カレーをおいしくするのに活躍するものを28種類、選び出した。それを大事な順に並べ替え、10種類ずつ「1軍」「2軍」「3軍」と3チームに分けた。あ、ガラムマサラは1軍に入れておいたよ。それぞれのスパイスをどの部屋に入れたらいいかを決めて表組にした。これをもとに正方形に当てはめてあれこれブレンドを試してみる。するとどうだろう？ 何をどうやっても素晴らしい香りが生まれるじゃないか！ そう、不思議な箱は魔法の箱になったんだ。

スパイスメソッド大公開！

スパイスメソッドとは？

絶対に失敗せずに誰にでも上手にスパイスをブレンドできる手法だ。魔法の箱をいくつかの部屋に分けて、スパイスを選んでいくだけ。ルールはシンプル。

Rule 1:
<u>ひとつの部屋に入れるスパイスは1種類のみ</u>

Rule 2:
<u>一度使ったスパイスは別の部屋には入れられない</u>

あとは自由にやってみよう。アドバイスを少しだけ。

Advice
- 部屋割りは、5～10がベター
- 大きな部屋を先に決めよう
- 好きな香りなら大部屋に、そうでなければ小部屋に

小学生も楽しめ、プロも参考になる

このスパイスメソッドのすごいところは、スパイスをまったく知らない小学生でも料理を一切したことのない人でも、一発で、カレー専門店並みのいい香りのブレンドができてしまうこと。
それぞれのスパイスの香りをある程度わかっている人なら、ひとつひとつを吟味しながらブレンドしていくこともできるし、スパイスを自由自在に扱えるプロでも、新しいブレンドを発見するための道具として活用することができる。
実際のスパイスを傍らにブレンドを始めたら、楽しくてやめられなくなるはず。

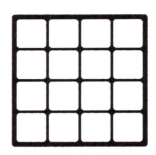

部屋を16分割

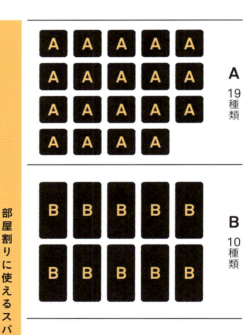

A 19種類

B 10種類

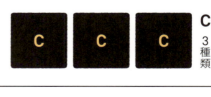

C 3種類

D 2種類

部屋割りに使えるスパイス

スパイス / 部屋	A 小さじ 1/2	B 小さじ 1	C 小さじ 2	D 小さじ 4
1軍スパイス				
クミン	●	●	●	●
コリアンダー	●	●	●	●
カルダモン	●	●	●	
パプリカ	●	●		
フェンネル	●	●		
フェヌグリーク	●	●		
ターメリック	●	●		
レッドチリ	●	●		
ブラックペッパー	●	●		
ガラムマサラ	●	●		
2軍スパイス				
クローブ	●			
オールスパイス	●			
カスリメティ	●			
ジンジャー	●			
ガーリック	●			
ホワイトペッパー	●			
ナツメグ	●			
マスタード	●			
ローステッドクミン	●			

3軍
シナモン / スターアニス / ビッグカルダモン / カレーリーフ /
メース / キャラウェイ / アムチュール / ローリエ / タイム

The spices

7 ブレンディング展開のヒント

メソッドで遊び始めるといろんなことに気がつく。たとえば、5種類のスパイスを使おうと思ったとき、基本形以外にも部屋割りはあるということだ。

基本形【ア】のAふたつをそれぞれ倍量のBにして、残りの3つを均等にCにした場合、【イ】となる。

基本形【ア】のDひとつをそのまま残し、残りの4つを均等にBにした場合、【ウ】となる。

1軍のスパイスから【ア】を組み合わせるパターン数は、**672通り**

1軍のスパイスから【イ】を組み合わせるパターン数は、**21通り**

1軍のスパイスから【ウ】を組み合わせるパターン数は、**252通り**

すなわち、10種類のスパイスから5種類を選んでブレンドすると、945通りの香りが楽しめる。しかも、それらはすべておいしいカレーの香りがするのだ。

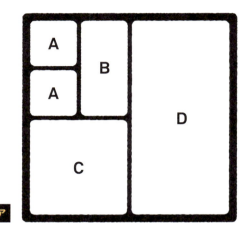
ア

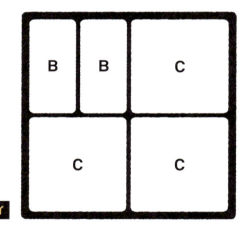
イ

> すごい！ 奇跡が起きたかも……

より具体的な例で展開してみよう。
基本形スタンダードMIX【あ】から展開していくとき、僕はどんなことを考えているのか。

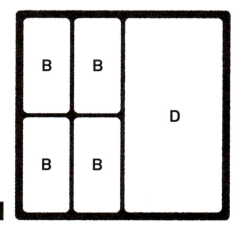
ウ

> ・レッドチリは辛いからやめる。
> ・コリアンダーを減らして他の香りを加えたい。
> 　さわやかなカルダモンにしよう。

あ　A：ターメリック / レッドチリ
　　　B：パプリカ
　　　C：クミン
　　　D：コリアンダー

→

い　B：ターメリック / パプリカ
　　　C：カルダモン / クミン / コリアンダー

> ・クミンとコリアンダーの
> 　比率はキープ。
> ・残り小さじ2の枠を4分割して
> 　個性を出したい。ターメリック、
> 　レッドチリはマスト。残りを
> 　パプリカとカルダモンにしよう。

> ・スパイスを1種類追加する。
> ・クミンとコリアンダーはキープして、
> 　カルダモンを減らそう。
> ・カルダモンを半量にした分、ほんのり
> 　深みを出せるフェヌグリークを追加。

え　A：ターメリック / レッドチリ /
　　　　パプリカ / カルダモン
　　　C：クミン
　　　D：コリアンダー

お　B：ターメリック / パプリカ /
　　　　フェヌグリーク / カルダモン
　　　C：クミン / コリアンダー

ブレンドはフィーリングで

The spices

8　スタンダードブレンド展開例

**大事なのはフィーリング。
大船に乗ったつもりで。**

スパイスのブレンドを考えるとき、理屈っぽく思考する必要はない。メソッドにのっとっている以上、失敗はしないわけだから、自分のフィーリングに従えばいい。たとえば、僕の頭の中がどんな風になっているのかを紹介しながら展開例を示してみたい。

く　A：ターメリック / フェヌグリーク
　　B：パプリカ / フェンネル / カルダモン
　　C：クミン / コリアンダー

- ちょっと辛口にしてみよう。
　レッドチリを加えてパプリカの香りとの相乗効果を。
- クミンの量を減らしてクセの少ない香りに。
- これで色が少し明るめになるかな。
- フェヌグリークを抜いて、カレー感（インド料理感）を和らげる。

け　B：ターメリック / レッドチリ /
　　　パプリカ / フェンネル /
　　　カルダモン / クミン
　　C：コリアンダー

- フェヌグリークを加えてカレー感をアップ。
- ターメリックはやはり控えめのままで。
- ここでガーリック登場。うま味を増強。
- パプリカを入れているから
　レッドチリはなくていいか。
- クミンとコリアンダーの比率はキープ。

し　A：ターメリック / ガーリック
　　B：パプリカ / フェヌグリーク / フェンネル /
　　　カルダモン / コリアンダー
　　C：クミン

す　B：ターメリック / パプリカ /
　　　フェヌグリーク / フェンネル /
　　　カルダモン / ブラックペッパー /
　　　クミン / コリアンダー

- レッドチリを抜いて辛味のないブレンドに。
- フェヌグリーク復活！
- ブラックペッパーで香りの土台を強化。
  少し深みを加えたい。
- コリアンダーに頼りすぎるのもなぁ。
  ちょっと控えめに。
- すべて同量というブレンドは、
  意外とバランスがいいんだよね。

た　A：ターメリック / クローブ
　　B：パプリカ / フェヌグリーク / フェンネル /
　　　カルダモン / ブラックペッパー / クミン /
　　　コリアンダー

- フェヌグリークを減らして食べやすくしよう。
- 伝家の宝刀、ローステッドクミンを入れよう。
  急にオトナっぽい香りになるな。
- クローブもいいけど、似た香りの
  オールスパイスにしてみよう。
- クミンをレッドチリに変えるという
  英断はどうだろう？
- 10種類スパイスが使えると
  いろいろチャレンジできるなぁ。

と
A：ターメリック / オールスパイス /
　　フェヌグリーク / ローステッドクミン
B：パプリカ / フェンネル / カルダモン /
　　ブラックペッパー / レッドチリ /
　　コリアンダー

- ガーリックを抜いてさっぱり目に。
  その分、ブラックペッパーを加えよう。
  バランスが取れそうだ。
- カルダモンはキープ。
- 女性的なコリアンダーは控えめのままで。
- あんまりやりたくないけど、クローブを追加。
  スタンダードから離れちゃうかな。

さわやかブレンド展開例

ルールはない。
自由に手を
動かしてみよう。

何を足して何を引くのか、どういう観点で判断すればいいのか。コンパスが必要な気持ちになるかもしれない。でもルールはない。ルールはメソッドの中に盛り込まれているのだから、あとは、自由に。どうブレンドしてもいい香りが待っているのだから。

う B：ターメリック / フェヌグリーク / フェンネル / カルダモン
D：コリアンダー

- ターメリックを減らして土臭い香りを和らげる。
- フェヌグリークも減らして同じく食べやすい香りに。
- コリアンダーも減らしてみようか。さわやかさが減ってしまうかな。
- クミンを足そう。さわやか系のスパイスではないけれど、ここは、小さじ4と大胆に増やしてみよう。スタンダード系に近くなっちゃうかもなぁ。

こ A：ターメリック / フェヌグリーク / クミン / ジンジャー
B：レッドチリ / コリアンダー
D：カルダモン

か A：ターメリック / フェヌグリーク
B：フェンネル / カルダモン / コリアンダー
D：クミン

- やっぱりクミンは入れすぎたかもしれないな。
- ジンジャーを入れてすっきりさわやかな感じを加えよう。ちょっとピリ辛にもなってよさそう。
- どうせならついでにレッドチリを加えてしっかり辛くしてしまうか。
- カルダモンを増やせば、よりさわやかに。

せ
- A：ターメリック / フェヌグリーク / クミン / ガーリック / フェンネル / ホワイトペッパー
- B：カルダモン
- D：コリアンダー

・クミンをやめて、より刺激を求めてレッドチリに。
・ガーリックからジンジャーに戻してみよう。特に理由はないんだけどね。
・ちょっと遊び心が出てきたな。スッとした香りも持つカスリメティを投入。
・カスリメティとともに新顔登場！ マスタードでスッとした香りと控えめにヒリヒリとさせてみたい。
・なんとなくカルダモンを使うの、飽きてきたな。減らそう。

・今回は、ジンジャーをやめてガーリック。
・フェンネル復活。やっぱりこれを入れるとさわやかになるなぁ。
・レッドチリをなくして辛くないブレンドにしよう。その代わりにホワイトペッパー。これは辛味というよりもちょっとヤミツキになる感じを出すアイテム。
・コリアンダーどっさりで調和、調和。

ち
- A：ターメリック / フェヌグリーク / レッドチリ / ジンジャー / カスリメティ / ホワイトペッパー / カルダモン / マスタード
- D：コリアンダー

・ちょっと色的に赤みを増やしたいからパプリカを足す。
・フェンネルのスッキリ感はやっぱりほしい。
・ガーリックを入れておこう。これはずるいスパイスだよな。うま味の隠し味。
・クミン、コリアンダーというゴールデンコンビを小さじ2ずつ加えてフィニッシュ。
・やっぱり10種類あれば、遊べていいなぁ。

な
- A：ターメリック / フェヌグリーク / パプリカ / レッドチリ / フェンネル / ホワイトペッパー / マスタード / ガーリック
- C：クミン / コリアンダー

10 奥深いブレンド展開例

冒険心と悪戯心がブレンディングを楽しくする

何度もブレンディングを繰り返していくと、どうしても自分のクセが出始める。いつも登場するスパイスやあまり使いたくないスパイスに差が出てくる。いつの間にか、似たような香りばかり。もっと冒険して、もっと遊んで、意外な自分を発見してみよう。

き　A：クローブ / フェンネル
　　B：ブラックペッパー
　　C：カルダモン / クミン / コリアンダー

- カルダモン、クミン、コリアンダーが小さじ2ずつで並んでバランスがいいから、冒険できそうだ。
- 手始めにフェンネルをナツメグにしてみよう。
- ブラックペッパーを減らしてちょっとパンチを弱めに。
- ローステッドクミンで深いオトナな香りを醸し出す。

そ　A：オールスパイス / フェンネル /
　　　　レッドチリ /
　　　　ローステッドクミン
　　B：ブラックペッパー / コリアンダー
　　C：カルダモン / クミン

- クローブをオールスパイスで代用。ガラムマサラを使う場合は、ここでガラムマサラもありかな。
- 辛口にしたいのでレッドチリを導入。
- 辛いイメージを増幅させるためにブラックペッパーの比率を増やしてみよう。
- 調和のスパイス、コリアンダーを半量にして、あえてバランスを崩してみる。

さ　A：クローブ / ナツメグ / ブラックペッパー /
　　　　ローステッドクミン
　　C：カルダモン / クミン / コリアンダー

108

- クローブが久しぶりにカムバック。
- ここにオールスパイスを加えてみよう。代用ではなく、クローブとオールスパイスのセット。ちょっとクセが強すぎるかな。好きな人は好きだけど。
- ナツメグを加える。冒険、冒険。
- 香りが深すぎるのもなんだから、ブラックペッパーの代わりにジンジャーで軽やかに。
- コリアンダーを増やして全体のバランスを取っておくか。

て A：クローブ / オールスパイス / パプリカ / ローステッドクミン / ジンジャー / ナツメグ
B：クミン
C：カルダモン / コリアンダー

- 青っぽい香りを強めて個性的なブレンドをしてみようかな。
- フェンネル増量。ちょっとさわやかになりすぎるといけないからカスリメティを追加。青っぽいけど深みもある香りだ。
- ガーリックを加えて香りとうま味に強めの印象を残すようアレンジ。
- ちょっと攻めすぎてるかもなぁ。

つ A：カスリメティ / レッドチリ / ローステッドクミン / ガーリック
B：フェンネル / ブラックペッパー / コリアンダー / カルダモン
C：クミン

- 辛味の奥に複雑な香りが暴れ出すブレンドを目指そう。
- ガーリック、ジンジャー、レッドチリ、マスタード、ブラックペッパー、と刺激的で辛味のあるスパイスを大集合。
- ローステッドクミンとクミンのダブル使いで刺激をさらに強める。
- カルダモンがちょっと邪魔な気もするけれど、超硬派で男気あふれるブレンド完成。

に A：マスタード / レッドチリ / ローステッドクミン / ガーリック / ジンジャー / カスリメティ
B：ブラックペッパー / コリアンダー / カルダモン
C：クミン

11 スパイスブレンドの全パターン

5種類

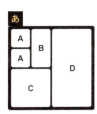
あ

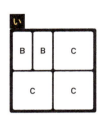
い　う

6種類

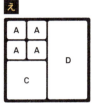
え　お　か　き

7種類

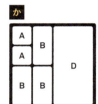
く　け

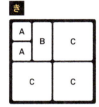
こ　さ

8種類

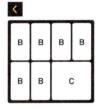
し　す　せ　そ

9種類

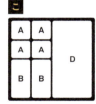
た

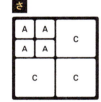
ち　つ　て

10種類

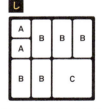
と

な　に

正方形を分割する場合、スパイス2種を使うパターンからスパイス16種類を使うパターンまで合わせて34パターン。1軍、2軍、合計19種類のスパイスの中から、34パターンの表を埋めていくと、なんと、「合計8,052,744通り」!!!　日本全国100万人が、10日近く、毎日のようにブレンディングをし続ければ、検証できるのか。目が回りそう……。

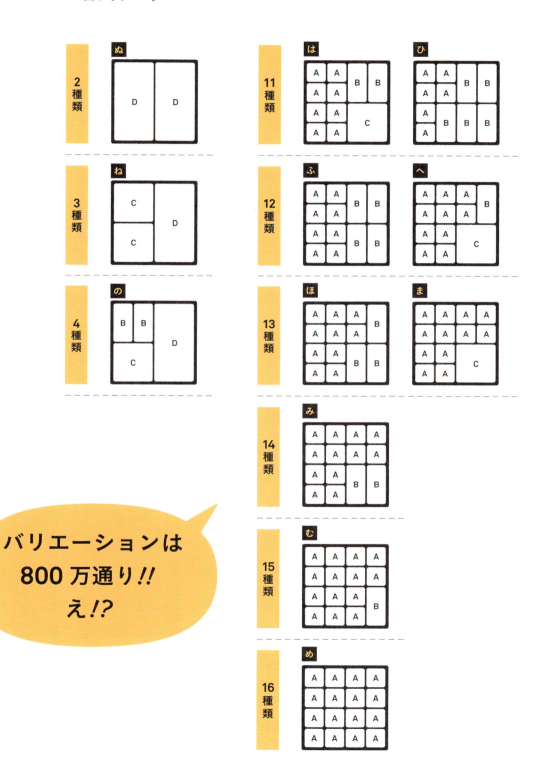

バリエーションは800万通り!! え!?

12 参考：スパイスブレンド（AIR SPICE より）

Chapter. 4

スパイス \ メニュー	基本のチキンカレー	ビーフカレー	キーマカレー	ミックスベジタブル	チャナマサラ	ポークビンダルー	フィッシュカレー	エビカレー	マトンコルマ	サグカレー	バターチキン2016	カリフラワーカレー	あさりのカレー	ドライキーマ	ミックスベジタブル	オニオンチキン	エビとオクラ	バターチキン2017
ホールスパイス																		
クミンシード				●	●	●	●			●	●				●	●	●	
クローブ	●	●	●			●			●		●			●				
グリーンカルダモン	●	●							●					●		●		
シナモン	●	●	●						●		●					●		
フェンネルシード				●	●		●	●						●		●	●	
マスタードシード						●	●							●				
フェヌグリークシード				●			●	●			●							
レッドチリ			●								●							
ビッグカルダモン																		
ブラックペッパー			●			●												
セロリシード				●						●			●				●	
メース	●										●							
ディルシード					●										●			
カロンジ							●			●								
ウラッドダル													●					
スターアニス														●				●
コリアンダーシード																		
その他			●		●				●		●				●	●	●	
パウダースパイス																		
コリアンダー	●	●	●	●	●			●	●	●	●	●	●	●	●	●	●	●
ターメリック	●	●	●	●	●	●	●	●	●			●	●	●	●	●	●	●
パプリカ	●							●	●		●			●		●	●	●
レッドチリ	●										●							●
フェヌグリーク												●	●	●	●		●	●
クミン	●								●					●				●
ガラムマサラ		●				●			●	●		●						
グリーンカルダモン			●						●		●				●			
アサフェティダ				●	●							●						
ホワイトペッパー				●					●							●		
カスリメティ				●						●	●							
フェンネル		●																
ブラックペッパー		●																
アムチュール							●						●					
チャットマサラ					●												●	
その他				●			●			●			●			●		●

112

AIR SPICE は、毎月レシピ付きのスパイスセットが届くサービス。レシピの開発は、僕がすべて行っている。これまで 40 種類以上のカレーのスパイスブレンドをしてきた一覧が以下。ホールスパイスもパウダースパイスも表組の使用頻度上位 7 ～ 8 種類程度があれば、10 年以上、いや、永遠にスパイスカレーは楽しめると僕は思っている。

野菜の宝石カレー	フルーティサーモン	ビーフときのこ	ポテトのグリーン	レモンチキン	豚バラ肉と大根のカレー	スープキーマカレー	鶏手羽元の赤いカレー	甘酸っぱいビーフカレー	ココナッツ彩り豆カレー	ペッパーチキンカレー	バターチキン2018	キノコキーマカレー	秋野菜の贈り物カレー	ドライリーフチキンカレー	ブリキーマと大根の白いカレー	豚肉と林檎の白いカレー	ライム印のチキンカレー	エビとアサリの出汁カレー	基本のチキンカレー	まぼろしカレー	ファイナルカレー	わたしだけのカレー	使用頻度
			●	●		●			●			●							●	●	●		17
●		●			●		●	●				●							●	●	●		17
●		●	●	●					●			●						●	●	●	●		16
●		●			●		●									●		●	●	●		●	16
	●		●														●						12
●									●	●		●											12
						●				●						●	●						11
●	●	●		●					●				●										10
					●	●					●			●	●								8
							●																7
	●																						6
														●			●		●				5
	●																						5
		●								●		●											5
	●		●								●												5
																						●	5
			●			●		●															4
●			●	●	●							●			●		●						15
●	●	●	●	●	●	●	●	●	●	●	●	●	●	●	●	●	●	●	●	●	●	●	39
●	●	●	●	●	●	●	●	●	●	●	●	●	●	●	●	●	●	●	●	●	●	●	30
●		●			●					●	●							●	●			●	20
				●							●		●		●						●	●	16
		●							●			●		●		●				●			12
		●			●		●			●						●				●			11
			●							●	●									●	●		11
						●						●										●	11
●			●						●			●			●								8
			●										●				●			●			8
											●			●		●							7
										●		●										●	5
											●		●						●			●	5
●			●							●													4
											●												3
	●	●		●	●	●		●	●								●		●			●	18

The spices

13 スパイスの形状とバランス

スパイス使いは適材適所で

たとえば、僕がチキンカレーを作るとする。カルダモン、クローブ、シナモンを丸のまま（ホール）で炒めて、後から粉状（パウダー）のターメリック、レッドチリ、コリアンダーを加えるんだ。すると、カレーが完成した後に矢のように質問が飛んでくる。

「どうして使い分けるの？」
「セオリーはあるの？」
「どっちが香りがいいの？」
僕は黙ったままですべてを受け止めた後に、低い声でひと言だけ答えるんだ。
「フィーリングさ」

カッコいい……。でも現実はそうもいかない。ホールとパウダーでは役割が違う。ホールスパイスは時間をかけてゆっくりと香りが抽出され、柔らかく香る。パウダースパイスは入れた直後から強い香りを生む。それを考慮して使い方を考えることになる。

ホールに適しているスパイス

クローブ / シナモン / メース
マスタード / スターアニス
フェヌグリークリーフ（カスリメティ）

パウダーに適しているスパイス

ターメリック / パプリカ
コリアンダー / ホワイトペッパー
オールスパイス

どちらでも活躍するスパイス

クミン / グリーンカルダモン
フェヌグリークシード / レッドチリ
ブラックペッパー / フェンネル

香りの押し売りは禁物

ドライのホールスパイスとパウダースパイス以外に、フレッシュスパイスを使うケースもある。そうすると、香りの総量がどんどん増えてしまう。カレーの風味が壊れてしまうから、押し売りは禁物だ。足した分は他で引けばいい。

たとえば、カルダモン、クローブ、シナモンをホールで炒めて、仕上げに香菜を混ぜ合わせるカレーを作るとしたら、鍋に投入するアイテム数だけ、スパイスメソッドの部屋を塗りつぶしておく。スパイス1種類が、いちばん小さな枠Aをひとつに相当するとしておこう。残った部屋を分割しながらパウダースパイスのブレンディングを進めればいい。香りのバランスは保たれるのだ。

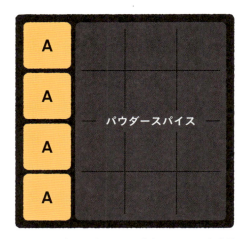

A：カルダモン / クローブ / シナモン / 香菜

14 ホールスパイスは食べるか否か

香りが時間差で訪れる

たとえば、僕がまた別のチキンカレーを作るとする。カルダモン、レッドチリ、クミンシードを丸のまま（ホール）で炒めて、後から粉状（パウダー）のフェヌグリーク、ブラックペッパー、フェンネルを加えるんだ。すると、カレーが完成した後に大砲のように強烈な質問が飛んでくる。

「なぜ、半分をホールにして半分をパウダーにするんですか？ どうやって決めたらいいんですか？」
僕は、目を閉じ、うんうんうん、と頷きながら聞く。それからシンプルにこう答えるのさ。
「食べるか食べないか、それが問題だ」

まるでシェイクスピアにでもなった気分でね。ホールスパイスは食べるものと食べないものに分けられる。好みによるけどね。ただそれによって食べ手の感じる香りが変わるんだ。ほとんどの人はレシピの設計時にこんなことは気にしないだろう。でも、まあまあ大事なことだと僕は思っている。

食べるホールスパイス

クミンシード / マスタードシード
フェンネルシード / フェヌグリークシード

シード系＝小さいから食べる

食べないホールスパイス

カルダモン / クローブ / シナモン
スターアニス / レッドチリ

その他の部位＝大きいから食べない

うわ！カルダモン爆弾！！

口の中で香り玉がはじけるのだ

カレーを作るうえでのホールスパイスとパウダースパイスの関係については、香りの総量から割り出せばいい。ただし、食べるホールスパイスについて言えることは、あなたが作ったそのカレーは、あなたがコントロールできないところで香りを生み出す可能性があるということだ。
場所は、"食べる人の口の中"である。モグモグして上の奥歯と下の奥歯が重なったとき、その間に食べるスパイス（たとえばクミンシード）が存在したら、プチッとつぶれると同時にクミンの香りがはじける。そんな経験がある人もいるんじゃないだろうか。作り手がコントロールできない香りがカレーに宿っていることになる。この香りの玉がはじけるかどうかは賭けでもある。噛まれることなく喉元を通過し、胃袋に落ちれば香らない。噛まれたら香る。そこに楽しみも喜びも潜んでいる。

15 スパイスの焙煎と香りの関係

スパイスは浅煎りに限る!?

コーヒーが好きでね、もう長い間、豆を買ってきて自分で挽いてドリップしている。とある焙煎家がこう言ったんだ。
「昔は深煎りがもてはやされていましたけどね、本当に豆の香りを楽しみたかったら浅煎りのほうがいいですよ」
そのとき僕は心の中の膝（どこにあるんだ!?）を打った。そうか、スパイスと一緒じゃないか！ってね。スパイスにはエッセンシャルオイルが含まれていて、一定の温度でそれが揮発し、いい香りが抽出される。
スパイスはそのままでもいい香りがするわけだから、常温でもすでにエッセンシャルオイルは揮発していることになる。カレーに使うスパイスはたいてい、60℃〜70℃の温度で最もエッセンシャルオイルが揮発すると言われている。これはコーヒーでいえば、浅煎り直後の状態だ。
ところが、カレーを作るとき、鍋中の温度は容赦なく上がっていく。加えた水がポコポコと煮立てば100℃に近い状態だし、油で玉ねぎを炒めているときには100℃を超えて温度は上昇する。そこにスパイスがいたら……。そう、深煎りになる。

> あなたは、浅煎り派？深煎り派？

深煎りスパイスはクセになる

スパイスの焙煎と香りの関係はシンプルだ。適正温度より前（浅煎り）は、スパイスそのものの香りが出始めて強まっていく。それ以降（深煎り）は、スパイスそのものの香りは弱まったり飛んでいったりする。じゃあ、深煎りはダメなのかというと、そうではない。
深煎りという状態は、スパイスそのものの香りは弱まっているが、その分、香ばしい香りが引き立ってくる。スパイスの表面を使って香ばしさやスモーキーな香りを生んでいるのだ。これが意外とクセになる。どこまで焙煎してどこで止めるのか、どのくらいの時間、焙煎状態が続くのか、などによって、それぞれのスパイスから抽出される香りは変わってくる。

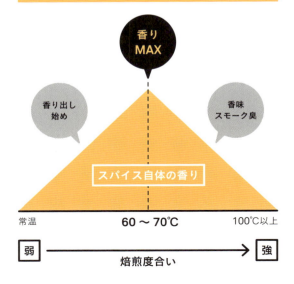
焙煎度合いとエッセンシャルオイル揮発の図

16 ローステッドカレーパウダーを作る

武士道のようなスパイスブレンド

ローステッドカレーパウダーが好きだ。スリランカ・コロンボで作り方を見せてもらったことがある。フライパンの上に煙が上がるほど焙煎する。大丈夫か？と心配になるほど徹底的に火を入れてから、粗熱を取ってミルで挽いた。不思議なことにできあがったカレーパウダーは、大好きなあの香りがしたのだ。肉を切らせて骨を断つ。武士道のようなスパイスブレンドだ、と感激したことを思い出す。

材料		
	グループ A	
	グリーンカルダモン	15g
	クローブ	10g
	シナモン	10g
	メース	5g
	グループ B	
	クミンシード	25g
	コリアンダーシード	25g
	グループ C	
	カレーリーフ	15g

火の通りにくいグループA、形状が小さく、火の通りやすいグループB、その他のグループCに分ける。

Bのスパイスを乾煎りする。

Cのスパイスを乾煎りする。

すべてを混ぜ合わせてさらに乾煎りする。

Aのスパイスを乾煎りする。

ミルで挽いて粉末状にし、ふるいにかける。

17 香りの種類とタイミング

始まりは終わり、終わりは始まり

たとえば、僕がまたまた別のチキンカレーを作るとする。はじめにカルダモン、クローブ、シナモンを丸のまま（ホール）で炒めて、次に粉状（パウダー）のターメリック、レッドチリ、コリアンダーを加えて炒めて、最後にクミンシード、フェヌグリークシード、マスタードシードを油で炒め、煮込んでいる鍋にジャーッと加えるんだ。すると、カレーが完成した後に矢継ぎ早に発言が飛んでくる。
「それ、知ってます！ はじめの香り、中心の香り、仕上げの香りってやつですよね？」
「どういう基準で3か所のタイミングでスパイスを使い分けるんですか？」
「はじめの香りと、仕上げの香りをひっくり返したら、どう変わるんですか？」
僕は、間髪入れずに即答する。
「作るときにA、B、Cの順序で加えると、食べるときにはC、B、Aの順で香るんだよ」
ほとんどの人がキョトンとした顔をする。だから僕は、「ちょっとこの話、長くなるけどいい？」と断りを入れた後、語り出すんだ。

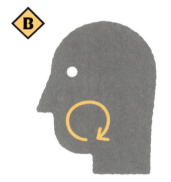
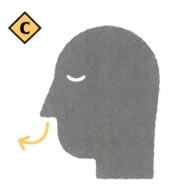

ゴールデンルール：1
はじめの香り

作るとき 最も早い段階で加えた香りは、時間をかけてゆっくり香りを抽出する。それなりに香りも飛んでいくため、結果的には柔らかく香る程度が残る。

食べるとき 口に含み、ゴクリとやって喉元を過ぎた後、鼻から香りが抜けるときに微かに香りを感じる。

ゴールデンルール：4
中心の香り

作るとき 調理プロセスのど真ん中で加えた香りは、直接的に立ち上り、調理の過程で、鍋中のソース全体に浸透していく。結果、そのカレーの正体を決める香りとなる。

食べるとき 口に含み、モグモグとしている最中に口の中全体に回り、いきわたり、長い間、存在感を発揮する。

ゴールデンルール：7
仕上げの香り

作るとき ほぼカレーが完成間近の状態で加えた香りは、最も新鮮な状態でカレーに彩りを加える。結果、そのカレーの前面に立ちはだかる門番のような香りとなる。

食べるとき 盛りつけた器をテーブルに運んだときから香り始める。口に入れる前に鼻から入り、さっと消えていく。

スパイス図鑑

◯ 部位別・50音順に掲載しています。

オレガノ
Oregano
葉

【学名】Origanum vulgare
【別名】ワイルドオレガノ
【科目】シソ科ハナハッカ属・多年生草本
【原産】ヨーロッパ
【部位】葉
【風味】ほろ苦く清涼感のある香り
【効能】頭痛、胃腸や呼吸器系の不調

ワイルドなスパイスの刺激的な香り

主にイタリア料理やメキシコ料理に使われ、トマトやチーズと相性がいい。刺激的で鋭いカンファーの香りとほろ苦い香りが混在。中南米で有名なチリコンカンには、チリやクミン、パプリカと一緒に乾燥したオレガノを粉状にしてブレンド。香りが強いため、肉料理と相性がいい。カレーに使うなら乾燥オレガノをパウダーにしてブレンドしたい。

カフィルライムリーフ
Kaffir lime leaf
葉

【学名】Citrus hystrix
【別名】こぶみかん、バイマックル
【科目】ミカン科ミカン属
【原産】東南アジア
【部位】葉
【風味】レモンに似たさわやかな香り
【効能】殺菌・防腐作用、腹痛

東南アジアを代表するさわやかスパイス

トムヤムクンやタイカレーなどに欠かせないスパイス。2枚の葉がつながったような独特の形をしている。シトラスのさわやかな香りが特徴。タイ料理を中心に使われるカフィルライムの香りは味わいの方向性を決定づけるほどの強い魅力を持っている。タイカレーに限らず、スパイスで作るカレーに加えたり、千切りにして混ぜ合わせたりすると香り豊かに楽しめる。

カレーリーフ
Curry leaf
葉

【学名】Murraya koenigii
【別名】南洋山椒、オオバゲッキツ
【科目】ミカン科ゲッキツ属・常緑樹
【原産】インド
【部位】葉
【風味】カレーのような柑橘系の香り
【効能】食欲不振、発熱、滋養強壮

葉そのものからカレーの香り！？

南インド料理、スリランカ料理には不可欠なスパイス。フレッシュな葉の柑橘系の香りは他のドライスパイスとともに炒めたり煮込んだりすると香ばしい独特の香りを放つ。調理時間が長いと香りが薄れてしまうため、仕上げに加えたり、さっと加熱したりする料理に重宝される。乾燥した葉は香りが弱いが、パウダー状にするといい香りを生んでくれる。

コリアンダーリーフ
Coriander leaf
葉 茎 根

【学名】Coriandrum sativum L.
【別名】コエンドロ、香菜、パクチー
【科目】セリ科コエンドロ属・一年生草本
【原産】地中海沿岸
【部位】葉、茎、根
【風味】青臭く清々しい香り
【効能】肝機能障害、風邪、胃弱

ハマったらやめられないスパイス代表

世界中で栽培されている。タイ料理に使われるイメージの強いフレッシュスパイス（ハーブ）だが、東南アジア～南アジア全般で利用される。カレーの仕上げにざっと混ぜ合わせたり、ペーストにしたりと活躍。クセが出やすい分、個性を出したりエッジを効かせたいときには効果的。根のついた状態で手に入ったら刻んで油で炒めると香り高くおいしい。

The spices

シナモンリーフ
Cinnamon leaf

葉

- 【学名】Cinnamomum cassia
- 【別名】チャイニーズシナモン
- 【科目】クスノキ科クスノキ属・常緑樹
- 【原産】アッサム地方、ミャンマー北部　【部位】葉
- 【風味】甘味と渋味を感じる強い香り　【効能】強壮、下痢、吐き気

シナモンがほのかに香る葉のスパイス

大きめの葉に葉脈が縦に3本通っているのが、シナモンリーフの特徴。ローリエと混同されることがあるが、月桂樹の葉ではない。インド料理でよく使われるこの葉は乾燥した状態で流通しており、ガラムマサラの主原料。インド料理ではスタータースパイスとしてはじめに油と一緒に炒めることはあるが、効果はイマイチ感じられない。

スペアミント
Spearmint

葉

- 【学名】Mentha Spicata
- 【別名】ガーデンミント
- 【科目】シソ科ハッカ属・多年生草本
- 【原産】地中海沿岸
- 【部位】葉
- 【風味】柔らかい刺激と甘い香り
- 【効能】殺菌・防腐作用、眠気

世界中で愛される清涼感

香りはペパーミントに劣るが、欧米では野菜の風味づけや肉のマリネ、ソースの材料として、中東や東南アジアで生の状態でさまざまな料理に活用されている。インドはミントのチャツネ（ソース）が人気で揚げものや焼きもの料理の脇に添えられる。レモンのような爽快感があり、カレーの仕上げに刻んだミントを混ぜ合わせると効果的。

セージ
Sage

葉

- 【学名】Salvia officinalis
- 【別名】コモンセージ、薬用サルビア
- 【科目】シソ科サルビア属・多年生草本
- 【原産】地中海沿岸、北アフリカ
- 【部位】葉
- 【風味】すっきりした香りと苦味
- 【効能】抗酸化作用、貧血、口内炎

乾燥しても香りを強く残すハーブ

ソーセージの材料であり、語源にもなったと言われている。まろやかな甘い香りと渋い香りを併せ持ち、フレッシュな状態よりも乾燥させたほうが香りが強まる。欧米全般で肉と合わせて料理する手法がよく見られる。カレーの場合には、乾燥したものをパウダー状にして、他のスパイスとブレンドすると、奥行きのあるカレー粉を作ることができる。

タイム
Thyme

葉

- 【学名】Thymus vulgaris
- 【別名】コモンタイム
- 【科目】シソ科イブキジャコウソウ属
- 【原産】ヨーロッパ、北アフリカ
- 【部位】葉
- 【風味】キリリとしつつほろ苦い風味
- 【効能】胃弱、頭痛、神経疾患、疲労

さわやかな香りが長く持続するハーブ

ハーブ類の中で最も抗菌力が強いと言われ、ソーセージやピクルス、ソースなどの保存食に使われることが多い。熱を加えても香りが落ちないため、煮込み料理にも向いている。乾燥させた状態でも香りは強い。ほんのりダークな緑色の葉からペッパー、クローブ、ミントを合わせたような爽快な香りが漂う。ポトフ、カスレ、シチュー、そして、カレーに合う。

ディル
Dill

葉

- 【学名】Anethum graveolens
- 【別名】イノンド
- 【科目】セリ科イノンド属・一年生草本
- 【原産】西南アジア、中央アジア
- 【部位】葉
- 【風味】さわやかかつ刺激的な鋭い香り
- 【効能】ストレス、消化不良、腹痛

優しくさわやかで心地よいハーブ

ヨーロッパでは「魚のハーブ」と呼ばれ、魚介系料理との相性がいいとされているが、カレーの仕上げにディルを混ぜ合わせるのなら、肉のカレーもオススメ。また、インド・パンジャーブ地方ではサグ（青菜のカレー）にディルを入れることもある。ヨーロピアンディルは葉を使い、インディアンディルは種を使うのがいいと言われている。

バジル
Basil

葉

- 【学名】Ocimum basilicum
- 【別名】コモンバジル、バジリコ
- 【科目】シソ科メボウキ属・多年生草本
- 【原産】インド、熱帯アジア
- 【部位】葉
- 【風味】奥深くふくよかな甘い香り
- 【効能】消化促進作用、自律神経失調

有名で人気のある繊細なハーブ

ジェノベーゼソースの材料として有名。スイートバジルには、クローブやアニスに似た香りがあり、スイートかつスパイシーという複雑な魅力を持つ。トマトと相性がいい。肉に合わせる場合はロースト系が合うが、加熱しすぎると香りが弱まるため、カレーに加えるときは、仕上げに。ペーストにしてタイのグリーンカレーの色づけに使う場合もある。

パンダンリーフ
Pandan leaf

葉

- 【学名】Pandanus amaryllifolius
- 【別名】ランペ、パンダン、アダン
- 【科目】タコノキ科タコノキ属
- 【原産】南アジア
- 【部位】葉
- 【風味】香り米に似た香ばしい香り
- 【効能】発熱、消化不良・胃痛、強心

強く香ばしい香りが持続するハーブ

南インド、スリランカ、東南アジアの料理に使われることが多い。煮込み料理に加えるといい香りを放つが、形が長いため、調理や食事のときに邪魔になる。そのため、フォークの先で葉を傷つけたりたたいたりして香りを強め、何枚かを折りたたんで結んでおくと便利。スリランカでは乾燥、焙煎してミックススパイスに活用することも。

ペパーミント
Peppermint

茎 葉

- 【学名】Mentha x piperita
- 【別名】コショウハッカ
- 【科目】シソ科ハッカ属・多年生草本
- 【原産】地中海沿岸、ヨーロッパ
- 【部位】茎、葉
- 【風味】刺激の強い甘い香り
- 【効能】抗アレルギー作用

ドライもフレッシュも幅広く活躍

スペアミントとウォーターミントの交配種。スペアミントに比べると香りが強い。強いメンソールの香りがあり、辛味があってピリリとスパイシー。清涼感もある。中東、南米、ヨーロッパ各地で料理に応用されている。カレーの仕上げに混ぜ合わせてもいいが、アルコール成分との相性もいいため、モヒートにしてカレーに添えるのもアリ。

The spices

レモングラス
Lemon grass

`茎` `葉`

- 【学名】Cymbopogon citratus
- 【別名】レモンソウ、タクライ、セイラ
- 【科目】イネ科オガルカヤ属・多年生草本
- 【原産】熱帯アジア
- 【部位】茎、葉
- 【風味】軽やかでさわやかな香り
- 【効能】消化促進、風邪、下痢

すっきりとした強烈な香りのスパイス

レモングラスの香りはシトラスに似たすっきりした爽快感があり、酸味を感じさせるフレーバーを併せ持つ。生のレモングラスをつぶしたりスライスしたりすると強烈な芳香を生む。タイ料理をはじめ、東南アジア諸国で使われる。ココナッツミルクベースのカレーやシチューと好相性だが、生が手に入るなら積極的にさまざまなカレーに使いたい。

ローズマリー
Rosemary

`葉`

- 【学名】Rosmarinus officinalis
- 【別名】マンネンロウ
- 【科目】シソ科マンネンロウ属
- 【原産】地中海沿岸
- 【部位】葉
- 【風味】目が覚めるような爽快な香り
- 【効能】抗酸化作用、炎症、血行不良

力強い香りを放つハーブの王様

香りが強い一方、消臭作用や抗菌作用が強いため、西洋では古くから肉料理やスープ料理に使われてきた。香りは松とカンファーの感じがあって、ほのかにペッパーのようなピリッとした風味がありスーッとさわやかで鼻が通る。風味がとにかく強いローズマリーは、少々の加熱では香りが損なわれにくい。チキンカレーの煮込みに加えると強い印象を残す。

ローレル
Laurel

`葉`

- 【学名】Laurus nobilis
- 【別名】ローリエ、月桂樹
- 【科目】クスノキ科ゲッケイジュ属・常緑樹
- 【原産】ヨーロッパ、アジア西部
- 【部位】葉
- 【風味】すっと繊細で清々しい香り
- 【効能】神経痛、関節炎、打ち身

煮込みに適した香り高いハーブ

ナツメグのような刺激的な香りとほのかにバルサミコのようなふくよかな香りが特徴。生葉の状態は苦味や渋味があるが、乾燥させることで香り成分が強まる。ブーケガルニの主原料で、煮込み料理に加えることで素晴らしい香りを生む。煮込んでカレーにする場合は他のスパイスの香りに負けてしまいがちなのが残念。煮込みすぎると苦味が出る。

アサフェティダ
Asafoetida

`茎や地下茎` `主根の樹脂`

- 【学名】Ferula asafetida
- 【別名】ヒング（サンスクリット名）
- 【科目】セリ科オオウイキョウ属・二年生草本
- 【原産】南西アジア、北アフリカ
- 【部位】茎や地下茎、主根の樹脂
- 【風味】鼻をつく強烈な刺激臭と苦味
- 【効能】けいれん、鎮静、気管支炎

強い刺激臭の奥にうま味が宿る

にんにくのようなトリュフのような特徴ある刺激臭をより強烈にしたような匂いを持つため、「悪魔の糞」との異名を持つ。根茎から取れる樹脂のような物質を乾燥させたもの。油で炒めることで玉ねぎのような風味とうま味が生まれる。インドでは野菜料理によく使われるスパイスで、ミックススパイスの原料にもなる。使うときはごく少量で。

ターメリック
Turmeric

根茎

- 【学名】Curcuma longa
- 【別名】ウコン
- 【科目】ショウガ科ウコン属・多年生草本
- 【原産】熱帯アジア
- 【部位】根茎
- 【風味】土っぽい香り
- 【効能】肝機能障害、糖尿病

色味と風味で
カレーの土台を作る

しょうがの仲間でほのかに土臭い香りがします。主に黄色い色づけのスパイスというイメージが強いが、実際にはこの香りが大切。使用する量は少なめだが、香りの土台を作るような重要な役割を果たす。パウダー状で使われるケースが圧倒的に多いが、東南アジア料理では、フレッシュな状態で刻んだりスライスしたりして加熱することも。

ガーリック
Garlic

根茎

- 【学名】Allium satium
- 【別名】にんにく
- 【科目】ユリ科ネギ属・多年生草本
- 【原産】アジア
- 【部位】根茎
- 【風味】ほのかな苦味を含む強い香り
- 【効能】便秘、風邪、肥満、高血圧

どんな料理もおいしくする
万能スパイス

加熱したときに発する独特の刺激臭は、食欲を増進させる効果を持つ。ヒリヒリするほど強く刺激的な香りがするこのスパイスは、主に皮が乾燥し、中が生の状態で流通し、使われることが多い。あらゆる素材の風味を際立たせる存在。切ったりすりおろしたりして形をつぶすことでエッセンシャルオイルはより揮発し、強い香りを放つ。

ジンジャー
Ginger

根

- 【学名】Zingiber officinale
- 【別名】しょうが
- 【科目】ショウガ科ショウガ属・多年生草本
- 【原産】インド、中国
- 【部位】根
- 【風味】土っぽい香りとさわやかな辛味
- 【効能】風邪、冷え症、食欲不振

さわやかな香りと
辛味で大活躍

アジア圏ではにんにくとセットで使われることが多い。みずみずしいしょうがはすっきりと清涼感のある香りと刺激的な辛味が特徴。インド料理においても刺激を生むスパイスとして活躍している。大きな塊をつぶしてそのまま煮込みに使ったり、すりおろして絞り汁をカレーの仕上げに入れるとすっきりした味わいで全体が引き締まる。

クローブ
Clove

花（つぼみ）

- 【学名】Syzygium aromaticum
- 【別名】チョウジ（丁子）
- 【科目】フトモモ科フトモモ属・常緑樹
- 【原産】インドネシア・モルッカ諸島
- 【部位】花（つぼみ）
- 【風味】甘くふくよかで奥深い香り
- 【効能】神経痛、関節炎、頭痛、胃弱

深みのある香りは
個性的で人気

花が咲く前の赤く色づいたつぼみ部分を収穫する珍しい部位のスパイス。ウスターソースの主成分でもある。粉状に挽くと少量でかなり強い香りが出やすいため、丸のまま使うほうが風味のバランスは取りやすい。奥深い香りは、ちょっとクセがあって、胃腸薬のようなイメージもあるが、インドでは全土で多用される重要なスパイスのひとつ。

サフラン
Saffron

めしべ

【学名】Crocus sativus
【別名】番紅花
【科目】アヤメ科クロッカス属・多年生草本
【原産】地中海沿岸　【部位】めしべ
【風味】芳しい香り　【効能】胃弱、生理不順、消化器疾患

世界一高価な気品あふれるスパイス

世界で最も高価なスパイスとして有名。フランス料理のブイヤベース、スペイン料理のパエリアなどの香りと色味づけに使われる。サフランの色素成分は油溶性ではなく水溶性なので、湯に溶くのが一般的。カレーの調理にサフランを使うという例は聞いたことがない。インドではサフランライスやビリヤニなどをリッチに仕上げるときに使われる。

オールスパイス
Allspice

乾燥した実

【学名】Pimenta dioica
【別名】ピメント
【科目】フトモモ科オールスパイス属
【原産】西インド諸島、中央アメリカ
【部位】乾燥した実
【風味】ふくよかで温かみのある香り
【効能】消化促進、防腐、抗菌、鎮痛

複数種の香りを併せ持つスパイス

クローブ、シナモン、ナツメグなどの香りを併せ持っていると言われるスパイス。ホールの状態は大きく硬いがパウダーにすると使い勝手がよく、香りも強い。単体で調理に使うよりも他のスパイスと合わせて肉料理に使ったりするのがオススメ。パウダー状のオールスパイスを仕上げに加えるとガラムマサラを加えたような奥深い香りを生む。

カルダモン
Cardamon

種(果実)

【学名】Elettaria cardamomum
【別名】ショウズク
【科目】ショウガ科ショウズク属・多年生草本
【原産】インド、スリランカ　【部位】種(果実)
【風味】清々しいほどにさわやかな香り　【効能】下痢、頭痛、物忘れ

これぞスパイスという気品ある香り

サフラン、バニラに次いで高価なスパイスで、「スパイスの女王」と呼ばれている。さわやかでありながらまろやかで、フルーティーな甘い香りも持っている。外側の殻よりも中に入った黒い種の部分に強い香りがあるが、殻を割って中の種だけを調理に使う場合は、種が硬いためオススメしない。殻ごと煮込めばジワジワと香りを抽出し続ける。

アジョワンシード
Ajwain seed

種

【学名】Trachyspermum ammi
【別名】アジュワイン、カロム
【科目】セリ科トラキュースペリマム属・一年生草本
【原産】南インド、北アフリカ　【部位】種
【風味】タイムのような清々しい香り　【効能】防腐・殺菌作用、消化不良

小さいが少量でも強烈な個性のある香り

インド料理で人気のあるスパイス。小麦粉で作る各種パン類の生地やサモサなどの揚げものの衣の中に忍ばせてクセのある香りをアクセントに使う手法が目立つ。野菜の天ぷら、バコラの衣に入れたりも。タイムやオレガノのような香りに特徴があるが、使いすぎると苦味が出てしまうため、少量を効かせる程度がオススメ。

キャラウェイシード
Caraway seed

種

- 【学名】Carum carvi
- 【別名】ヒメウイキョウ
- 【科目】セリ科キャラウェイ属・二年生草本
- 【原産】西アジア、中央ヨーロッパ
- 【部位】種
- 【風味】ほのかな苦味と爽快な香り
- 【効能】腹痛、気管支炎、口臭予防

ツンとしてクセになる
セリ科特有の香り

種は、鼻にツンとくるような刺激的な香り。中央ヨーロッパ、モロッコ、アメリカなど世界各地で使われている。チュニジアのハリッサと呼ばれるミックススパイスやモロッコの伝統料理で活躍。クセのある香りが料理に入ると後を引く味わいを生む効果も。同じセリ科のクミンやフェンネルと合わせて少量を加えるとカレーの香りに奥行きが出る。

クミンシード
Cumin seed

種

- 【学名】Cuminum cyminum
- 【別名】ジーラ（インド名）
- 【科目】セリ科クミン属・一年生草本
- 【原産】エジプト
- 【部位】種
- 【風味】ツンと鼻をつく力強い香り
- 【効能】食欲不振、肝機能障害、胃弱

長い歴史の中で
愛され続けた香り

ガラムマサラ、カレーパウダー、チリパウダーなどのミックススパイスに欠かせない。アフリカのクスクス、アメリカのチリコンカン、中東からモンゴル、中国内陸部まで幅広く活躍している。セリ科ならではのツンと香ばしい強い香りの奥に深いふくよかな香りがある。他のスパイスを混ぜ合わせなくても香りのバランスを取りやすいのが魅力的。

コリアンダーシード
Coriander seed

種

- 【学名】Coriandrum sativum L.
- 【別名】コエンドロ、パクチー
- 【科目】セリ科コエンドロ属・一年生草本
- 【原産】地中海沿岸　【部位】種
- 【風味】甘くさわやかで強い香り　【効能】肝機能障害、風邪、胃弱

甘くさわやかな香りで
みんなの人気者

熟した種がペッパーのように刺激的な花のような香りを持ち、一方でどことなく甘い香りも漂う。インド料理では欠かせない。他のスパイスと組み合わせたときにバランスを取る役割があり、「調和のスパイス」と呼ばれることがある。すなわち、コリアンダーを多めの比率で加えると全体の風味のバランスが取れて食べやすいカレーができあがる。

セサミシード
Sesame seed

種

- 【学名】Sesamum indicum
- 【別名】ごま
- 【科目】ゴマ科ゴマ属・一年生草本
- 【原産】エジプト　【部位】種
- 【風味】ナッツのような香ばしい香り　【効能】疲労回復、貧血、高血圧

そのまま食べても
香りを出しても万能

種そのものを食材にしたり、種から抽出される油を料理に使ったりと、世界中で愛されている。ごま油の風味はカレーに独特のうま味を生み出す。生の種そのものにはそれほど強い香りはないが、焙煎することで香ばしくなる。カレーに使うならすりごまの状態でパウダースパイスとブレンドしたい。

The spices

セロリシード
Celery seed
種

- 【学名】Apium graveolens
- 【科目】セリ科オランダミツバ属
- 【原産】南ヨーロッパ
- 【部位】種
- 【風味】ほろ苦さとさわやかな香り
- 【効能】ストレス、不眠、喘息

小粒でピリリと香りがいいスパイス

小粒だが、葉や茎よりも強い香りの印象を残す。噛むとパッとはじけるようなスパイシーな刺激があり、後を引く。インド料理ではトマトやじゃがいもなどの野菜と組み合わせることもあるが、肉にも合う。セロリソルトというすりつぶしたセロリシードと塩を混ぜ合わせた調味料もあるほど。実はカレー全般に使える万能アイテムだ。

ナツメグ
Nutmeg
種の核

- 【学名】Myristica fragrans
- 【別名】ニクズク
- 【科目】ニクズク科ニクズク属・常緑樹
- 【原産】東インド諸島、モルッカ諸島
- 【部位】種の核
- 【風味】微かに甘くエキゾチックな香り
- 【効能】胃腸炎、低血圧、食欲不振

肉の風味づけに最適な奥深い香り

実（種）の部分がナツメグ。おろし金で粉状にして使うことが多い。芳醇な香りとほんのりとしたクセを持ち、風味の強い肉料理などと相性がよく、奥深い風味を生む。中東から北インドを中心にリッチな味わいの料理を作るときに活躍。一方でナツメグには幻覚作用もあると言われ、一度に大量に摂取すると体調を崩す可能性もあるので気をつけたい。

ニゲラシード
Nigella seed
種

- 【学名】Nigella sativa
- 【別名】カロンジ（インド名）
- 【科目】キンポウゲ科クロタネソウ属・一年生草本
- 【原産】西アジア、南ヨーロッパ、中近東
- 【部位】種
- 【風味】苦味・甘味を併せ持った風味
- 【効能】鎮痛、抗菌、抗酸化、抗炎症

ピリッと香ばしい風味のあるスパイス

インド・ベンガル料理で使われるミックススパイス、パンチフォロンの材料。油で炒めて豆料理や野菜料理によく使われる。フランスのミックススパイス、カトルエピスにも入ることがある。香りは強くないが、マイルドなオレガノのようで、味はピリッとしたナッツ風味。粉状にせず、シードでカレーに忍ばせると意外性のあるおいしさを生んでくれる。

ビッグカルダモン
Big cardamom
種（果実）

- 【学名】Amomum and Aframomum species
- 【別名】ブラウンカルダモン
- 【科目】ショウガ科
- 【原産】インド、スリランカ
- 【部位】種（果実）
- 【風味】クセの強い奥深い香り
- 【効能】体を温める

奥深くクセがあって個性的なスパイス

インドではガラムマサラというミックススパイスの主原料となっていて、肉料理で活躍する。グリーンカルダモンとは別種で香りもまったく異なる。クセが強いため、同じく風味の強い肉料理に使われることが多い。少量でかなり強い香りをつけることができ、隠れてほのかに感じる程度に効かせるのが上手な使い方。

フェヌグリークシード
Fenugreek seed

種

【学名】Trigonella foenum graecum
【別名】メティ、メッチ
【科目】マメ科フェヌグリーク属・一年生草本
【原産】中近東、アフリカ、インド 【部位】種
【風味】ほのかに甘い香りと苦味 【効能】食欲不振、不眠、ストレス

葉も種も
インドで活躍するスパイス

フェヌグリークはインド料理でよく使われる。タンパク質やミネラル、ビタミンなどを豊富に含むとされ、ベジタリアンの栄養源でもある。フレッシュもしくは乾燥した葉と乾燥した種の両方を使う。シード（種）のほうは、少量を油で炒めると不思議と甘い香りが抽出される。ただ、使いすぎたり加熱が中途半端だと苦味が強まるので要注意。

フェンネルシード
Fennel seed

種

【学名】Foeniculum vulgare
【別名】ウイキョウ
【科目】セリ科ウイキョウ属・多年生草本
【原産】地中海沿岸 【部位】種
【風味】心地よくさわやかな甘い香り 【効能】高血圧、胃弱、腹痛、腰痛

素材やスパイスと
調和するスパイス

インドのガラムマサラ、中国の五香粉、東インドのパンチフォロンなどの原料となっていて、バランスのいい香りを持っている。魚介でも豆でも野菜でもどんな料理にも使われている。それほど食材の味わいを引き出す力も強い。南インドでもフェンネルシードは重要な役割を担っていて、チキンカレーやフィッシュカレーで活躍している。

ポピーシード
Poppy seed

種

【学名】Papaver somniferum
【別名】ケシノミ（芥子の実）
【科目】ケシ科ケシ属・一年生草本
【原産】東地中海から中央アジア
【部位】種
【風味】軽やかで香ばしいナッツ香
【効能】収れん、駆風、鎮静

つぶしたり加熱したりして
威力を発揮

未熟果から取れる樹脂がアヘンになり、精製するとモルヒネになる。種は強い香りがあるわけではなく、すりつぶしたり、加熱したりすることで香ばしいナッツのような香りを料理に加えることができる。マトンやチキンなどの肉料理をリッチな味わいにするために一緒に煮込まれることが多い。濃厚なソースを作るため、食べ応えがある。

マスタードシード
Mustard seed

種

【学名】Brassica nigra（ブラック）、
　　　　Sinapis alba（ホワイト）
【別名】カラシ（辛子）
【科目】アブラナ科・一年生草本
【原産】インド、南ヨーロッパ（ブラック）、地中海沿岸（ホワイト）【部位】種
【風味】ほのかな苦味と柔らかい辛味 【効能】食欲不振、胃弱、便秘

辛味とともに
香りも生み出すスパイス

丸のままではあまり香りはしないが、すりつぶしたり、加熱したりすることによって香ばしい香りや苦味、辛味を抽出することができる。特にインド料理では高温の油で炒めてナッツのような香ばしさを引き立たせる手法を用いる。東インドのベンガル地方では、マスタードをマンゴーなどと一緒にすりつぶすことで独特のソースを作り出す。

シナモン
Cinnamon

樹皮

【学名】Cinnamomum verum
【別名】ニッケイ（肉桂）、桂皮
【科目】クスノキ科ニッケイ属・常緑樹
【原産】スリランカ　【部位】樹皮
【風味】ほのかな甘味を感じる深い香り　【効能】風邪、不眠、ストレス

甘味を引き立てる
まろやかな香り

ふくよかで甘い香りに特徴があり、中東やインドでは、肉料理によく利用される。カレーにはパウダーで使うことはほとんどなく、ホール状のものを油で炒めるケースがほとんど。煮込みの終わりまで香りを出し続ける。セイロンシナモンと呼ばれるスリランカ産のシナモンは、香り高く、それ自体が甘味を持っていて最上級とされている。

チンピ
Citrus unshiu peel

果皮

【学名】Citrus unshiu
【別名】マンダリンオレンジ、温州蜜柑
【科目】ミカン科ミカン属・常緑低木
【原産】中国　【部位】果皮
【風味】柑橘系の香りとほのかな苦味　【効能】高血圧、咳、食欲不振、嘔吐

他のスパイスと混ぜて
魅力を発揮

本来、中国では、熟したマンダリンオレンジの果皮を干したもので漢方薬の原料のひとつ。単体で料理に使うことは一般的ではなく、複数のスパイスを混ぜ合わせるときに選ばれる。日本ではカレー粉や七味唐辛子の原材料としても有名。日本のカレー特有の配合と言えるが、柑橘系のすっきりとした香りが加わるのは魅力的。加えすぎると苦味が出る。

メース
Mace

種の核　仮種皮

【学名】Myristica fragrans
【別名】ニクズク
【科目】ニクズク科ニクズク属・常緑樹
【原産】東インド諸島、モルッカ諸島　【部位】種の核・仮種皮
【風味】甘くエキゾチックな香り　【効能】胃腸炎、低血圧、食欲不振

まろやかさを引き立てる
クセのある香り

ナツメグに似た香りがベースとなっており、そこにさらにペッパーやクローブのような香りが加わった印象。インドではカレーに入れたりごはんを炊くときに使ったりもする。丸のままの状態はスパイスの中でも高価なもののひとつ。カレーを作るときにスタータースパイスとして、少量を油で炒めると控えめに奥深い香りを演出してくれる。

グリーンチリ
Green Chilli

果実

【学名】Capsicum annuum
【別名】唐辛子、カイエンペッパー
【科目】ナス科トウガラシ属・多年生草本
【原産】南アメリカ　【部位】果実
【風味】強く刺すような辛味と香味　【効能】食欲不振、胃弱、風邪

すっきりとしつつも
鮮烈な刺激と風味

強烈な辛味とともに独特の香りもつくため、インド料理では生のグリーンチリは重宝されている。チリが赤く熟す前の状態で採取したもので、通常、フレッシュな状態でスライスしたり、細かく刻んだりして料理に使う。さわやかな青みを感じる香りがあって、料理にすっきりと鮮烈な辛味や刺激を与える。生で手に入ったらぜひカレーに使いたい。

スターアニス
Star anise
果実

【学名】Illicium verum
【別名】ハッカク（八角）
【科目】マツブサ科シキミ属・常緑樹
【原産】中国南部、ベトナム　【部位】果実
【風味】少しクセのある奥深い香り　【効能】口臭予防、咳止め

スターのような見た目と深い香り

熟したものは形が開き、八つ角を持つことから八角と呼ばれ、また、外観が星形をしていてアニスシードに似た香りがあることから英語名として「スターアニス」と呼ばれている。肉料理との相性がいいが、南インドではベジタブルシチューに欠かせない。たいていは丸のままの状態で油で炒め、柔らかく香らせる。カレーに深みを出すアイテム。

パプリカ
Paprika
果実

【学名】Capsicum annuum grossum
【科目】ナス科トウガラシ属・多年生草本
【原産】熱帯アメリカ
【部位】果実
【風味】微かな甘味とふくよかな香味
【効能】抗がん、抗酸化、動脈硬化

鮮やかな色と軽やかで香ばしい香り

レッドチリと同種だが、ハンガリーで品種改良され、辛味のないチリとして定着した。チリと似た香ばしく深い香りがある。アメリカ原産でコロンブスの新大陸発見の後にスペインに持ち込まれた。その結果、スモーキーに加工されたパプリカがよく料理に登場する。パプリカパウダーはカレーを作るのに香りの点でも色味の点でも大活躍する。

ペッパー
Pepper
果実

【学名】Piper nigrum
【別名】こしょう（胡椒）
【科目】コショウ科コショウ属・つる性草本
【原産】南インド・マラバール地方　【部位】果実
【風味】さわやかで深みのある辛味　【効能】食欲不振、糖尿病、肥満

世界でいちばん有名で人気のスパイス

汎用的でメジャーで世界中で愛されている。ブラックペッパーとホワイトペッパーがよく使われているが、生の状態で使われることが多いグリーンペッパーもある。ブラックペッパーはカレー粉の主原料のひとつ。長時間の煮込みには向かないが、肉のカレーをおいしくしてくれる。ホワイトペッパーはクセになる香りを持つが使いすぎには注意。

レッドチリ
Red chilli
果実

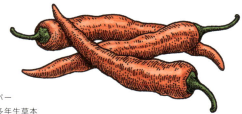

【学名】Capsicum annuum
【別名】唐辛子、カイエンペッパー
【科目】ナス科トウガラシ属・多年生草本
【原産】南アメリカ　【部位】果実
【風味】強く刺すような辛味と香り　【効能】食欲不振、胃弱、風邪

辛味と香りと色味のスパイス

パプリカと同じ香ばしい香りがある。南米では、クミンなどと合わせてチリパウダーというミックススパイスの原料となっている。インドでは乾燥させたレッドチリを丸のままの状態でもパウダーの状態でもよく使う。ターメリックやコリアンダーなどと並んで、カレーを作るのにこの香りは欠かせない。辛味が必要なければパプリカで代用するといい。

The spices

129

18 スパイスの品質は何で決まる？

スパイスは生きている

スパイスは第二の人生を生きている。鍋中で生き生きと香りの魅力を発揮してもらうために、できるだけ保存には気を遣いたい。主に乾燥したスパイスを保存するときには、3つの条件がそろっている場所が望ましい。

1 温度の低いところ
スパイスの香りは、温度上昇によるエッセンシャルオイルの揮発で発生する。冷暗所での保存が望ましい。

2 湿気の少ないところ
一度乾燥させたスパイスが湿気を帯びると質が低下するだけでなく、カビなどによって傷むリスクがある。

3 紫外線に当たりにくいところ
日の光に当たると香りや色味が落ちていく。遮光性の高い缶などの容器に入れるか、戸棚などにキープ。

上記3条件を完璧に満たしている場所が、どの家庭にも必ずある。冷蔵庫の中である。温度湿度が安定し、紫外線が当たらない。完璧な場所だが、問題は、出し入れが発生する点。冷えていたスパイスのボトルを外に出し、必要量を取り分けて中にしまう。そのときの温度差でボトルの中が結露する可能性が高い。すると、湿気でカビがはえたりする。使い切りのスパイスならベストな場所かもしれない。

オーガニックの謎

海外でも日本国内でも「オーガニック」認証を受けたスパイスをよく目にするようになった。「オーガニック＝品質がいい（香りがいい）」と思う人が多いようだが、そうとは限らないと僕は思う。

農林水産省のサイトにはこう記述がある。「有機JASマークは、太陽と雲と植物をイメージしたマークです。農薬や化学肥料などの化学物質に頼らないで、自然界の力で生産された食品を表しており、農産物、加工食品、飼料及び畜産物に付けられています」。

ざっくり言えば、「農薬に頼りません」という生産スタンスの表明であって、「だから香りがいい」ということにはならないからだ。「より安心である」という点は間違いない。「安心」と「香りがいい」はセットではない。自分自身の判断基準を信用してスパイスを選べるようになることを祈っている。

スパイスに品質の差があったとは！

驚くことなかれ！スパイスには品質の差があるのだ。たとえば、コーヒーの豆や紅茶の茶葉、ワインのぶどうなどと同じように。そんなことは当たり前だと僕は思っていたが、この話をすると「そうなんですか!?」というリアクションがあまりに多くて驚いた。農作物だから、個体差があるのは当然である。

ひと口にクミンシードと言っても、さまざまなクミンシードがあるわけだ。では、スパイスの品質を判断するためにどんなポイントがあるのだろうか？

産地

どの場所で生産されたものなのかで質が変わる。

等級

同じ植物からとれるものでも個体差がある。

殺菌

高温高圧などにより
殺菌をすれば香りは落ちやすい。

期間

採取・加工してから
輸送・保管にかかる時間は短いほうがいい。

Column 3 眠れない夜に

興奮して眠れない夜を過ごしたことある？
ついこのあいだ、あったんだ。スパイスパズルを作った日のことだ。ラボに何人かが集まっていたとき、ふとこんなお願いをした。
「パズルを作りたいんだよね」
「パズル？」
「そう、スパイスのブレンディングをもっと感覚的に実現させるために」
イメージを伝えると、早速作業に取り掛かってくれた。スチレンパネルの切れ端をカッターで切り、正方形と長方形をいくつも作った。折り紙を切り刻んでノリで貼って色分けし、スパイスの名前を書いた。僕らはまるで小学生の図工の授業のような時間を過ごしたんだ。あっという間に2時間以上が過ぎた。

その日の夜のことだ。心臓の鼓動が高まり、まるで寝付けなかった。あのパズルが完成したら……。その先にやりたいことが次々と浮かんでくる。このまま眠りにつくなんてできっこないじゃないか！
同じ夜に別の場所でもう一人、眠れなくなった人がいた。一緒にパズルを作って帰宅した女性だった。翌日、彼女はいったい何をしたと思う？ 起床とともに近所のホームセンターへ行った。そういえば「これが木製だったらなぁ」なんて話題が出てたっけ。だから木を切り出し、工房にこもって、1日じゅう、やすりをかけ続けたというのだ。ツルッツルのピッカピカに仕上がった木製パズルを持って彼女はニッコニコで現れたのさ。

不思議なもので、ひとつサンプルができあがると、次々と人を呼び、アイデアが生まれ、新たなものへと進化を遂げていく。
「パズルとして楽しむんなら、四角よりも三角のほうが楽しそう」
「レーザープリントでスパイス名が入るといいね」
「ワークショップで全国を回れそうだね」
「スマホのアプリを作っていいっすか？」
仲間がどんどん増えていく。『Spice Craft Works』というチームが結成された。眠れない夜に夢想した数々のことが少しずつ実現していくのかと思うと嬉しくてたまらない。
これでまた眠れない夜が続くんじゃ、たまんないけれどね。

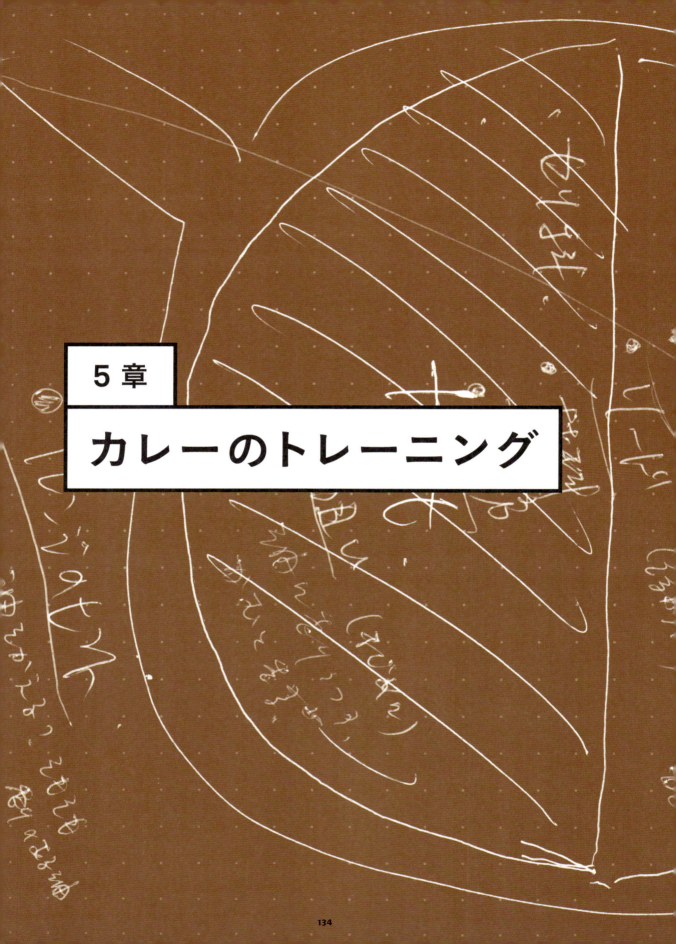

5章
カレーのトレーニング

カレーは嘘をつかない。
だからカレーだけがこの世界を変えることができるんだ。
……なあんてね。

水野仁輔

Music doesn't lie.
If there is something to be changed in this world,
then it can only happen through music.

Jimi Hendrix

Method Map

「2章：カレーメソッド」を表す図。ゴールデンルールの各7ステップについて、選択したA、B、Cの大まかな方向性をつないでMAPにしていますが、個別の手法をアレンジしたり、手順を入れ替えたりしているものもあります。

Spice Blend

「4章：スパイスメソッド」を表す図。ホールスパイスとフレッシュスパイスを使用した場合、その種類に応じてAサイズ（小さじ1/2）の枠を塗りつぶし、残りのスペースでパウダースパイスのブレンドをしています（P114の考え方参照）。

メソッドカレー | アレンジ 01

鶏手羽元のほろほろカレー

トマトのうま味をベースにパプリカの香り、
レッドチリに香りと辛味が映える、王道感のあるカレーです。

材料 4人分

植物油	大さじ5
【はじめのスパイス（ホール）】	
●シナモン	1/2 本
●グリーンカルダモン	5 粒
●クローブ	5 粒
にんにく（みじん切り）	2 片
しょうが（みじん切り）	1/2 片
玉ねぎ（スライス）	1 個
鶏手羽元	500g
【中心のスパイス（パウダー）】	
●ターメリック	小さじ 1/2
●カスリメティ	小さじ 1/2
●レッドチリ	小さじ 1/2
●パプリカ	小さじ 1/2
●クミン	小さじ 2
●コリアンダー	小さじ 2
しょう油	大さじ 1
トマト（ざく切り）	大 2 個
水	400ml
マーマレード	小さじ 2
【仕上げのスパイス（パウダー）】	
●ガラムマサラ	小さじ 1/2

下準備

◇ 鶏手羽元は、そのままでもよいが、骨と身の間、縦に切込みを入れておくと火の通りがよくなる。

作り方

☐ 鍋に油を弱火で熱し、はじめのスパイスを加えて炒める。油が冷たいときから加えてもいい。炒め上がりの目安はカルダモンがぷくっと膨れてくるまで。

☐ みじん切りのにんにくとしょうがを加えて強火にし、キツネ色になるまで炒めたら、玉ねぎを加えてキツネ色になるまで炒める。

☐ 鶏肉を加えて中火にし、表面全体がほどよく色づくまで7〜8分ほど炒める。ピンク色が白っぽく変わればいい。

☐ 中心のスパイスを加えて炒め合わせる。

☐ トマトを加えて強めの中火にし、炒め合わせる。

☐ 水を加えて煮立て、しょう油とマーマレードを加えて弱火にしてふたをして30分ほど煮込み、ふたを開けて弱火のままさらに30分ほど煮込む。

☐ 仕上げのスパイスを混ぜ合わせる。

Method Map

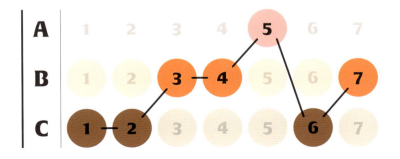

Spice Blend

メソッドカレー ｜ アレンジ02

煮込みチキンカレー

にんにくもしょうがも玉ねぎをも使わないカレーです。
手順も味わいもシンプルですっきりした味わいが楽しめます。

材料 4人分

植物油	大さじ3
【はじめのスパイス（ホール）】	
● ブラウンマスタードシード	小さじ1/2
● フェヌグリークシード	小さじ1/8
● ウラドダル	小さじ1
● フェンネルシード	小さじ1/2
鶏もも肉（ひと口大）	400g
【中心のスパイス（パウダー）】	
● ターメリック	小さじ1/2
● レッドチリ	小さじ1/2
● クミン	小さじ2
● コリアンダー	小さじ2
● グリーンカルダモン	小さじ1
塩	小さじ1/2
合わせみそ	大さじ1
フライドオニオン	10g
干しエビ	5g
スープ（P.60～61参照）	300ml
ココナッツミルク	100ml

作り方

- ☐ 鍋に油を中火で熱し、はじめのスパイスを加えてマスタードシードがはじけるまで炒める。
- ☐ 鶏肉を加えて強火にし、表面全体がこんがりするまできっちり炒める。
- ☐ 弱火にして中心のスパイスと塩を加えて炒める。みそとフライドオニオン、干しエビを混ぜ合わせる。
- ☐ スープを注いで煮立て、中火にして10分ほど煮る。ココナッツミルクを加えてさらに5分ほど煮る。

Method Map

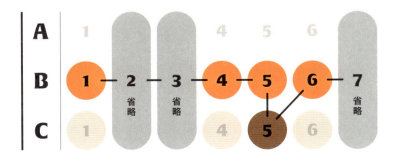

Spice Blend

メソッドカレー | アレンジ03

オレンジチキンカレー

超スタンダードな香りのチキンカレーに
フルーティーな香りを控えめに効かせたひと皿。
ソースもきれいなオレンジ色。

材料 4人分

植物油	大さじ3
【はじめのスパイス（ホール）】	
● クミンシード	小さじ1/2
● フェンネルシード	小さじ1/2 弱
にんにく（みじん切り）	1片
しょうが（みじん切り）	1片
玉ねぎ（くし形切り）	大1個（300g）
塩	小さじ1
トマトピューレ	大さじ3 弱
【中心のスパイス（パウダー）】	
● レッドチリ	小さじ1/2
● ターメリック	小さじ1 弱
● パプリカ	小さじ1
● カルダモン	小さじ2
● コリアンダー	小さじ2
● ガラムマサラ	小さじ1/2
スープ（P.60～61 参照）	250ml
ココナッツミルク	100ml
オレンジ果汁	大さじ2
鶏もも肉	400g
じゃがいも（8等分）	大1個

作り方

- ☐ 鍋に油を熱し、はじめのスパイスを加えて香りが立つまで炒め、にんにく、しょうがを加えて中火でこんがりキツネ色になるまで炒める。
- ☐ 玉ねぎと塩を加えて強火にし、大さじ2～3程度の水（分量外）を加えてふたをして5分ほど蒸し焼きにする。ふたを開けて強火のまま水分を飛ばしながら炒め、10分ほどで表面全体がこんがりキツネ色になるまで炒める。
- ☐ トマトピューレを加えてざっと混ぜ合わせる。
- ☐ 火を弱めて中心のスパイスを加えて1～2分ほど炒め合わせる。
- ☐ 白湯スープ、ココナッツミルク、オレンジ果汁を加えて煮立て、じゃがいもを加えてふたをして弱火で15分ほど煮込む。
- ☐ フライパンに塩こしょう（分量外）した鶏肉を加えて表面全体が色づくまで炒め、煮込み鍋に加えて5分ほど煮る。

The recipes | Variation: 03

Method Map

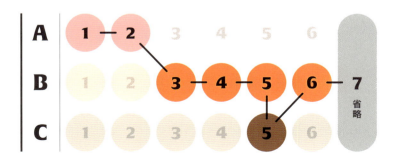

Spice Blend

メソッドカレー | アレンジ 04

レモンチキンカレー

さわやかな香りを醸し出すスパイスの配合に
きりりとしたレモンの酸味を合わせたひと皿。
ソースは鮮やかなレモン色。

材料 4人分

植物油	大さじ3
【はじめのスパイス（ホール）】	
● セロリシード	小さじ1/4弱
● ポピーシード	小さじ1/4
● グリーンチリ	1.6g
にんにく（みじん切り）	1片
しょうが（みじん切り）	1片
玉ねぎ（くし形切り）	大1個
塩	小さじ1
プレーンヨーグルト	大さじ2
【中心のスパイス（パウダー）】	
● フェヌグリーク	小さじ1/2
● ターメリック	小さじ1
● イエローマスタード	小さじ1
● カルダモン	小さじ1
● クミン	小さじ1
● コリアンダー	小さじ2
スープ（P.60～61参照）	250ml
ココナッツミルク	100ml
レモン汁	大さじ1弱（12ml）
鶏もも肉	400g
じゃがいも（8等分）	大1個

作り方

☐ 鍋に油を熱し、はじめのスパイスを加えて炒める。

☐ にんにく、しょうがを加えて中火でこんがりキツネ色になるまで炒める。玉ねぎと塩を加えて強火にし、大さじ2～3程度の水（分量外）を加えてふたをして5分ほど蒸し焼きにする。ふたを開けて強火のまま水分を飛ばしながら炒め、5～6分ほどで表面全体がほんのリイタチ色になるまで炒める。

☐ プレーンヨーグルトを加えてざっと混ぜ合わせる。

☐ 火を弱めて中心のスパイスを加えて1～2分ほど炒め合わせる。

☐ スープ、ココナッツミルク、レモン汁を加えて煮立て、じゃがいもを加えてふたをして、弱火で15分ほど煮込む。

☐ フライパンに塩こしょう（分量外）した鶏肉を加えて表面全体が色づくまで炒め、煮込み鍋に加えて5分ほど煮る。

Method Map

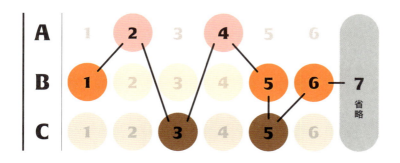

Spice Blend

メソッドカレー | アレンジ 05

ペッパーチキンカレー

刺激的で洗練された味わい深いカレーです。
ブラックペッパーを主体とした香りが
鶏肉の風味を際立たせます。

材料 4人分

骨付き鶏もも肉（ぶつ切り） ……………… 500g
〈マリネ用〉
・プレーンヨーグルト ………………… 50g
・にんにく（すりおろし） …………… 1片
・しょうが（すりおろし） …………… 2片
・レモン汁 ……………………………… 1/2個分
【中心のスパイス（パウダー）】
●ガラムマサラ ……………………… 小さじ1/2
●ブラックペッパー ………………… 小さじ1
●フェンネル ………………………… 小さじ1
●ローステッドクミン ……………… 小さじ2
●コリアンダー ……………………… 小さじ2

植物油 …………………………………… 大さじ3
【はじめのスパイス（ホール）】
●ブラウンマスタードシード ……… 小さじ1/2
●スターアニス ……………………… 1個
●フェヌグリークシード …………… 小さじ1/4弱
玉ねぎ（スライス） …………………… 大1個（300g）
塩 ………………………………………… 小さじ1強
トマトピューレ ………………………… 大さじ3
水 ………………………………………… 300ml
【仕上げのスパイス（フレッシュ）】
●カレーリーフ（あれば） ………… 20枚ほど

下準備

◇ ボウルにマリネ用の材料と中心のスパイスを加えてよく混ぜ合わせる。鶏肉を加えてよくもみ込み、30分ほど（できれば2時間ほど）置いておく。

作り方

☐ 鍋に油を中火で熱し、はじめのスパイスを加えて炒める。マスタードシードがパチパチとはじけ始めるまで。

☐ 玉ねぎを加え、半量の塩をふって強火で炒める。玉ねぎの表面がこんがりキツネ色に色づくまで、できるだけ木べらを動かさず、焼きつけるような感覚で10分ほど。このタイミングで100mlほどの水（分量外）を注ぎ、加えた水分が完全に飛ぶまで煮詰める。玉ねぎがつぶれて色づき、油が表面ににじみ出てきたら、全体的にタヌキ色になるまでさらに数分ほど炒める。

☐ トマトピューレを加えてねっとりしたペーストになるよう炒め合わせる。

☐ マリネした鶏肉をマリネ液ごと加えて表面全体がほんのり色づくまで炒める。

☐ 水を注いで煮立て、残りの塩を加えて弱火にしてふたをして煮込む。

☐ 煮込みが完了したら、ふたを開けて味見をし、足りなければ塩を足す。あればカレーリーフを手でよくもんで加え、ざっと混ぜ合わせる。

Method Map

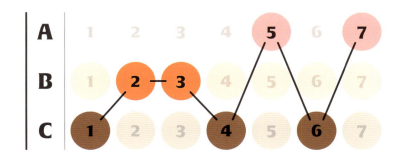

Spice Blend

メソッドカレー ｜ アレンジ 06

ホワイトチキンカレー

シチューのようなカレーです。
肉やバターのうま味、
かぶの風味や甘味が溶け出し、
深みのあるスパイスの香りと調和します。

材料 4人分

鶏もも肉（ぶつ切り）	400g
玉ねぎ（ざく切り）	1個（200g）
カシューナッツ	30g
バター	30g
【はじめのスパイス（ホール）】	
● シナモン	1/2本
● ポピーシード	小さじ1強
● クローブ	8粒
● ビッグカルダモン	1粒
● レッドチリ	1本
しょうが（千切り）	大1片（15g）
塩	小さじ1
【中心のスパイス（パウダー）】	
● タイム	小さじ1/2
● ホワイトペッパー	小さじ1/2
● フェヌグリークシード	小さじ1/2
● グリーンカルダモン	小さじ1
● ローステッドコリアンダー	小さじ1
● コリアンダー	小さじ2
水	200ml
かぶ（8つ切り）	小2個

下準備

◇ 鍋に玉ねぎとカシューナッツと200mlほどの水（分量外）を加えて強火にかけ、沸とうしたらふたをして弱火にして10分ほど煮て粗熱を取り、ミキサーでピューレにしておく。

作り方

☐ 鍋にはじめのスパイスだけを加えて弱火で乾煎りする。ほんのり香りが立ち、鍋底からうっすら白い煙が立ってくるまで。バターを加えて溶かす。ブクブクと泡が立ってくるまで。

☐ 鶏肉としょうが、塩を加えて強めの中火にし、鶏肉の表面がこんがりするまで炒める。キツネ色になるまで炒めるとバターが焦げてしまう可能性があるため、少し手前のイタチ色程度まで。

☐ 中心のスパイスを加えて混ぜ合わせる。鍋中の油脂分に粉をなじませるような感覚で。いい香りが立ってきて、パウダースパイスが油脂分を吸って肉の表面にまとわりついたような状態になる。

☐ 水を注いで煮立て弱火にしてふたをして10分ほど煮込む。

☐ かぶを加えてざっと混ぜ合わせ、玉ねぎとカシューナッツのピューレを加えて混ぜ合わせる。中火で煮立てたら、弱火にしてふたを開けたまま5分ほど煮込む。とろみの具合を確認し、ときどき鍋中をかき混ぜながら煮る。しゃばしゃばとしすぎているようなら火を強めたり、煮込み時間を少し長めにしたりして適度に水分を飛ばす。水気が足りないようなら適宜足す。煮込みが終わったら塩味を確認する。

Method Map

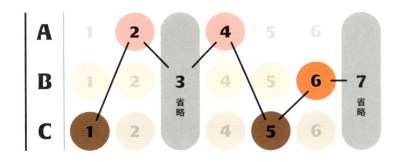

Spice Blend

メソッドカレー ｜ アレンジ 07

ドライキーマカレー

ホールスパイスの香りを油にしっかりと抽出させ、
ひき肉の脂分と融合させてふくよかな香りを感じられるカレーです。

材料 4人分

紅花油	大さじ3
【はじめのスパイス（ホール）】	
● 赤唐辛子	4本
● シナモン	1本
● クローブ	6粒
● ベイリーフ	1枚
玉ねぎ（スライス）	大1個（300g）
にんにく（すりおろし）	1片
しょうが（すりおろし）	1片
ココナッツファイン	1/2カップ

【中心のスパイス（パウダー）】	
● ターメリック	小さじ1/2
● レッドチリ	小さじ1/2
● カルダモン	小さじ1
● ブラックペッパー	小さじ1
● ローステッドコリアンダー	小さじ1
● コリアンダー	小さじ2
塩	小さじ1
鶏ひき肉（もも肉）	400g
水	150ml
グリーンピース（水煮）	100g
【仕上げのスパイス（フレッシュ）】	
● ディル（あれば・ざく切り）	適量

作り方

☐ 鍋に油を中火で熱し、はじめのスパイスを加えて赤唐辛子が芳ばしく香るまで炒める。

☐ 玉ねぎを加えて全体を混ぜ合わせ、少々の塩（分量外）を加えて強火にして玉ねぎのふちがこんがりキツネ色になるまで炒める。表面を焼きつけるような感覚で炒めるが、焦げそうで不安だったら火を徐々に弱めてもよい。

☐ にんにく、しょうがを加えて青臭い香りが飛ぶまで炒める。50〜60ml程度の水（分量外）を一緒に加えて炒めるとより炒めやすい。その場合、水分が飛んだ状態が炒め完了の目安。

☐ ココナッツファインを加え、火を弱めてココナッツの香りが立つまで炒める。中心のスパイスと塩を加えて、全体がペースト状になるまで炒める。

☐ ひき肉を加えて強火にし、よく混ぜ合わせる。肉の表面のピンク色が完全になくなり、脂がしっかりとにじみ出てくるまで。

☐ 水を注いで煮立て、火を弱めてふたをして15分ほど煮る。ときどきふたを開けて鍋底をこするようにかき混ぜながら蒸し煮にしていくイメージ。グリーンピースを加え、ふたを開けて強火で水分を飛ばすように1〜2分ほど煮る。好みの煮詰め具合になったら、塩（分量外）で味を調整する。

☐ 仕上げのスパイスを混ぜ合わせる。

Method Map

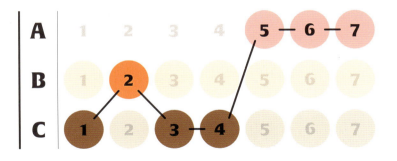

Spice Blend

メソッドカレー | アレンジ08

バターチキンカレー

濃厚な味わいと香りが高次元でバランスを取るカレーです。
乳製品のうま味とトマトの酸味のバランスも抜群。

材料 4人分

鶏もも肉（ひと口大に切る）……………… 400g
〈マリネ用〉
　・プレーンヨーグルト ………………… 100g
　・レモン汁 …………………………… 1/2 個分
　・塩 …………………………………… 小さじ1強
【中心のスパイス（パウダー）】
　● レッドチリ ………………………… 小さじ 1/2
　● パプリカ …………………………… 小さじ2
　● クミン ……………………………… 小さじ 1/2
　● コリアンダー ……………………… 小さじ1
　● チャットマサラ …………………… 小さじ1
バター …………………………………… 50g

【はじめのスパイス（ホール）】
　● スターアニス ……………………… 1個
　● グリーンカルダモン ……………… 6粒
　● ビッグカルダモン ………………… 1個
　● カロンジ …………………………… 小さじ 1/2
にんにく（みじん切り） ………………… 1片
しょうが（みじん切り） ………………… 2片
トマトピューレ ………………………… 80ml
ししとう ………………………………… 15本
マーマレード …………………………… 小さじ2
生クリーム ……………………………… 200ml
【仕上げのスパイス（パウダー）】
　● ガラムマサラ ……………………… 小さじ1

下準備

◇ マリネ用の材料と中心のスパイスをすべてボウルに入れ、よく混ぜ合わせる。鶏肉を加えてよく混ぜ込み、2時間ほど冷蔵庫で置く。

作り方

☐ 鍋にはじめのスパイスを加えて弱めの中火で熱し、グリーンカルダモンの表面が部分的にほんのり色づくまで乾煎りする。バターを加えて溶かし、シュワシュワと泡立ち始める直前まで炒める。

☐ にんにく、しょうがを加えて色づくまで炒める。にんにく、しょうががこんがりする前にバターが焦げ始める場合もある。その場合は、バターが焦げ始める前に次のプロセスに進む。

☐ マリネした鶏肉を加えて炒める。マリネ液の水分がキッチリ飛び、油脂分が鶏肉の表面ににじみ出てツヤツヤとしてくるまで炒める。鶏肉の表面が全体的に色づき、鍋中に液体がほとんどなくなる状態が目安。想像しているよりも少し長めに時間がかかる。この時点で鶏肉には、7〜8割がた火が通っている状態になる。

☐ トマトピューレを加えて全体を炒め合わせる。マーマレードを加えて、ふたをして弱火で10分ほど煮る。

☐ ふたを開けて生クリームを加え、ししとうとガラムマサラを加えてざっと全体を混ぜ合わせる。5分ほど煮てふつふつと沸き始めたら火を止める。

Method Map

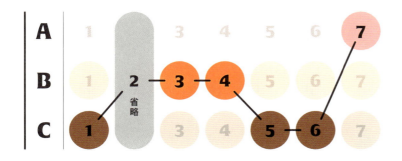

Spice Blend

メソッドカレー | アレンジ09

ソルティチキンカレー

パウダースパイスを減らし、ホールスパイスを増やすことで、
サラッとした口当たりの先に深いうま味と塩気を演出。

材料 4人分

太白ごま油（なければ植物油）	大さじ3
【はじめのスパイス（ホール）】	
● マスタードシード	小さじ1/2
● ウラドダル	小さじ1
● フェヌグリークシード	小さじ1/4
● フェンネルシード	小さじ1/4
● レッドチリ	1本
● クミンシード	小さじ1/2
にんにく（たたきつぶす）	1片
玉ねぎ（大きめの乱切り）	1個（200g）
鶏もも肉	400g
【中心のスパイス（パウダー）】	
● ターメリック	小さじ1/2
● レモングラス	小さじ1/2
● パプリカ	小さじ1
● ローステッドコリアンダー	小さじ1
● コリアンダー	小さじ2
塩	小さじ1
砂糖	小さじ1
スープ（P.60〜61参照）	400ml
だし粉	小さじ1
【仕上げのスパイス（フレッシュ）】	
● カレーリーフ（あれば）	20枚

作り方

- ☐ 鍋に油を中火で熱し、はじめのスパイスを加えてマスタードシードがはじけるまで炒める。
- ☐ にんにくを加えて表面がこんがりと色づくまで炒め、強火にして玉ねぎを加えて表面がタヌキ色になるまで炒める。
- ☐ 鶏肉を加えて表面全体がこんがりと色づくまで炒める。
- ☐ 弱火にして中心のスパイスと塩を加えて炒める。
- ☐ 砂糖とだし粉を加えてスープを注いで煮立て、弱火で30分ほど煮込む。
- ☐ カレーリーフを混ぜ合わせる。

Method Map

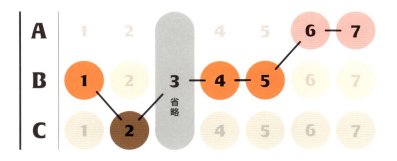

Spice Blend

メソッドカレー ｜ アレンジ 10

リーフチキンカレー

こんなフレーバーがあったのか！ と初体験を味わえるカレー。
リーフ（葉）の香りの魅力に酔いしれてください。

材料 4人分

植物油	大さじ 4（60ml）
【はじめのスパイス（ホール）】	
●グリーンカルダモン	5粒
●メース	ふたつまみ
●ビッグカルダモン	1粒
●クローブ	5粒
にんにく（みじん切り）	2片（20g）
しょうが（みじん切り）	2片（20g）
グリーンチリ（みじん切り）	1本
玉ねぎ（スライス）	大1個（300g）
ホールトマト	200g
鶏もも肉（ひと口大）	400g
【中心のスパイス（パウダー）】	
●カレーリーフ	小さじ 1/2
●ブラックペッパー	小さじ 1/2
●フェヌグリークリーフ	小さじ 1/2
●フェンネル	小さじ 1/2
●クミン	小さじ 1
●コリアンダー	小さじ 2
塩	小さじ 1
ほうれん草	3束（150g）
水	100ml
【仕上げのスパイス（フレッシュ）】	
●ペパーミント（みじん切り）	1/2 カップ（10g）

下準備

◇ ほうれん草はさっとゆでて水洗いしてざるにあげ、100ml の水と一緒にミキサーでピューレにしておく。

作り方

☐ 鍋に油を熱し、はじめのスパイスを加えて炒める。グリーンカルダモンがぷくっと膨らむまで。加熱しすぎるとカルダモンが破裂することがあるので要注意。

☐ にんにく、しょうがを加えて青臭い香りが飛ぶまで炒める。玉ねぎを加えてキツネ色になるまで炒め、グリーンチリを加えてさっと炒める。

☐ ホールトマトを加えてきっちり水分が飛ぶまで炒める。

☐ 中心のスパイスと塩を加えて炒める。

☐ 鶏肉を加えて表面全体が色づくまで炒め合わせる。

☐ 鍋のふちがフツフツと煮立ってきたら、弱火にしてふたをして 10 分ほど煮込む。

☐ 一度ふたを開けて全体をざっと混ぜ合わせ、ほうれん草ピューレとペパーミントを加えて混ぜ合わせ、ふたを開けたまま 5 分ほど煮る。

Method Map

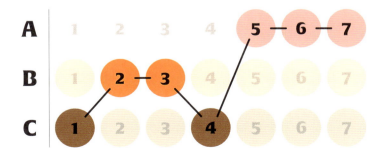

Spice Blend

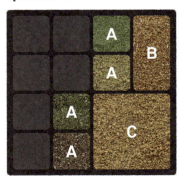

メソッドカレー | アレンジ11

手羽中ぐずぐず煮込みカレー

骨から身がほろっとほぐれるまで煮込んだカレーソースを
豪快にライスと混ぜ、味にも食感にも新鮮さを実現。

材料 4人分

- 太白ごま油 …………………………… 大さじ3
- 【はじめのスパイス（ホール）】
  - ● コリアンダーシード ……………… 小さじ1
  - ● クミンシード ……………………… 小さじ1
  - ● キャラウェイシード ……………… 小さじ1/2
- にんにく（みじん切り）……………… 1片（10g）
- しょうが（みじん切り）……………… 1片（10g）
- 鶏手羽中 ……………………………… 500g
- 玉ねぎ（8等分して厚切りスライス）…… 1個（200g）
- 〈マリネ用〉
  - ・レモン汁 …………………………… 1/2個分
  - ・塩 …………………………………… 小さじ1
  - ・カシューナッツパウダー ………… 大さじ2
- 【中心のスパイス（パウダー）】
  - ● ターメリック ……………………… 小さじ1/2
  - ● ナツメグ …………………………… 小さじ1/2弱
  - ● パプリカ …………………………… 小さじ1
  - ● グリーンカルダモン ……………… 小さじ1
  - ● ローステッドクミン ……………… 小さじ1
  - ● コリアンダー ……………………… 小さじ2
- トマトピューレ ……………………… 50g
- しょう油 ……………………………… 大さじ1強
- 〈干ししいたけ戻し汁〉……………… 400ml
  - ・水 …………………………………… 400ml
  - ・乾燥しいたけ ……………………… 10g
- だし粉 ………………………………… 小さじ1/2
- 【仕上げのスパイス（フレッシュ）】
  - ● 青ねぎ（5ミリ幅輪切り）………… 適量

下準備

◇ マリネの材料と中心のスパイスをよく混ぜ、鶏肉にもみ込んで2時間ほど（できればひと晩）置く。

作り方

- ☐ 鍋にごま油を中火で熱し、はじめのスパイスを加えてクミンシードが濃く色づくまで炒める。
- ☐ 強火にしてにんにく、しょうがを加えてこんがり色づくまで炒め、玉ねぎを加えてキツネ色になるまで炒める。
- ☐ 鶏肉をマリネ液ごと加えて表面全体が色づくまで炒める。
- ☐ トマトピューレを混ぜ合わせて炒める。
- ☐ しいたけ汁をしいたけと一緒に注いで煮立て、しょう油を加えてふたをして弱火にして30分ほど煮込む。
- ☐ ふたを開けてだし粉を加え、強火で煮詰める。青ねぎとライス（分量外）を混ぜ合わせる。

Method Map

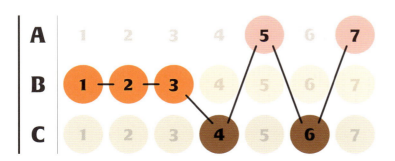

Spice Blend

メソッドカレー ｜ アレンジ **12**

Chapter. 5

セサミチキンカレー

スパイスの香りと肩を並べるほどごまの風味を効かせたカレー。
隠し味のごま油と塩こうじが意外なアクセントに。

材料 4人分

- 植物油 ………………………………… 大さじ2
- 【はじめのスパイス（ホール）】
  - ● クミンシード ……………………… 小さじ1
  - ● コリアンダーシード（つぶす）…… 小さじ1強
  - ● キャラウェイシード ……………… 小さじ1/4
  - ● マスタードシード ………………… 小さじ1/2
- にんにく（みじん切り） ………………… 1片
- しょうが（みじん切り） ………………… 1片
- 玉ねぎ（スライス） …………………… 大1個
- 鶏もも肉 ………………………………… 400g
- 塩こうじ（マリネ用） …………………… 適量
- 【中心のスパイス（パウダー）】
  - ● ターメリック ……………………… 小さじ1/2
  - ● ナツメグ …………………………… 小さじ1/2
  - ● クローブ …………………………… 小さじ1/2
  - ● ローステッドクミン ……………… 小さじ2
  - ● コリアンダー ……………………… 小さじ2
- すりごま ………………………………… 大さじ2
- 塩 ………………………………………… 小さじ1
- 水 ………………………………………… 100ml
- カリフラワー …………………………… 小1/4個（150g）
- 【仕上げのスパイス（テンパリング用）】
  - ・ ごま油 ……………………………… 大さじ2
  - ・ 玉ねぎ（細かいみじん切り） …… 小さじ1
  - ● パプリカパウダー ………………… 小さじ1/2

下準備

◇ カリフラワーを400mlの水（分量外）とともに鍋に加えて火にかけ、沸とうしたらふたをして10分ほど煮る。粗熱を取ってミキサーでピューレにしてカリフラワーソースを作っておく。

◇ 鶏肉に塩こうじをよくもみ込んでおく。

作り方

☐ 鍋に油を中火で熱し、はじめのスパイスを加えてクミンシードが色づくまで炒める。

☐ にんにく、しょうがを加えてこんがりするまで炒め、玉ねぎを加えてキツネ色になるまで炒める。

☐ マリネした鶏肉を加えて表面全体が色づくまで炒める。

☐ 弱火にして中心のスパイスとすりごま、塩を混ぜ合わせる。

☐ 水を注いで強火で煮立て、ふたをして弱火で15分ほど煮る。

☐ カリフラワーソースを加えて煮立ったら、ふたをして弱火で5分ほど煮る。

☐ テンパリングする。フライパンにごま油を中火で熱し、玉ねぎを加えてこんがりするまで炒め、パプリカパウダーを混ぜ合わせ、鍋に油ごと加える。

Method Map

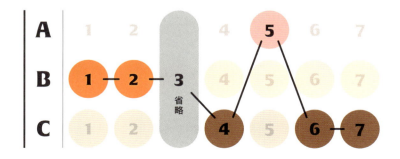

Spice Blend

メソッドカレー | アレンジ13

スープキーマカレー

豚ひき肉の脂分が持つほのかに甘い風味と、
鶏ひき肉のさっぱりした食感や味わいがマッチ。
カルダモンのさわやかさが肉の味わいを深めてくれます。

材料 4人分

植物油	大さじ3
【はじめのスパイス（ホール）】	
●クミンシード	小さじ1
玉ねぎ（スライス）	1個（200g）
にんにく（すりおろし）	1片
しょうが（すりおろし）	1片
【中心のスパイス（パウダー）】	
●ターメリック	小さじ1/2
●レッドチリ	小さじ1/2
●グリーンカルダモン	小さじ2
●コリアンダー	小さじ4
塩	小さじ1
スープ（P.60～61参照）	300ml
豚ひき肉（できれば粗びき）	100g
鶏ひき肉	200g
牛乳	200ml
トマト（くし形切り）	2個（200g）
【仕上げのスパイス（フレッシュ）】	
●ペパーミント（ざく切り）	適量

作り方

☐ 鍋に油を強火で熱し、はじめのスパイスを加え、クミンシードがシュワシュワと泡立ってこんがり色づくまで炒める。しっかり茶色くなるまで。

☐ 玉ねぎを加えてキツネ色になるまで炒める。はじめは強火で徐々に中火に落としながら表面をこんがり焼いていくイメージで。

☐ にんにく、しょうが、100mlの水（分量外）を加えて、青臭い香りが飛ぶまで炒める。加えた水の水分が飛ぶくらいが目安。

☐ 弱火にして、中心のスパイスと塩を加えて炒める。玉ねぎの表面に浮いた油にからませるようにして、1分ほどは炒めたい。

☐ ひき肉を加えて、表面全体がきっちり色づくまで炒める。肉から油脂分がしっかりにじみ出てくるまで。

☐ スープを加えて煮立てふたをして、弱火で15分ほど煮込む。

☐ ふたを開けて牛乳、トマトとペパーミントを加えて混ぜ合わせる。一度煮立てたら、中火で2～3分ほど煮る。

Method Map

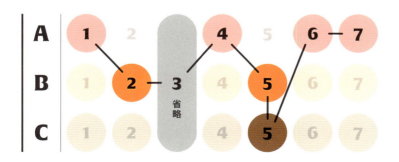

Spice Blend

メソッドカレー | アレンジ 14

ビーフカレー

ほんのり甘辛く、何より深みを堪能できるビーフカレー。
トマトのうま味をベースに少しクセの強いスパイスの香りが重なり合う。

材料 4人分

植物油 ································ 大さじ3
【はじめのスパイス（ホール）】
　● スターアニス ···················· 1個
　● クローブ ························ 5粒
　● カルダモン ······················ 5粒
玉ねぎ（スライス）············ 大1個（300g）
にんにく（すりおろし）················ 1片
しょうが（すりおろし）················ 1片
トマトピューレ ···················· 大さじ4

【中心のスパイス（パウダー）】
　● ターメリック ················ 小さじ1/2
　● レッドチリ ·················· 小さじ1/2
　● ガラムマサラ ················ 小さじ1/2
　● ブラックペッパー ············ 小さじ1
　● クミン ······················ 小さじ1
　● グリーンカルダモン ·········· 小さじ1
　● コリアンダー ················ 小さじ2
塩 ································ 小さじ1
牛肉（肩ロース、モモ、バラなど）········ 400g
赤ワイン ·························· 100ml
スープ（P.60〜61参照）·············· 500ml
ブルーベリージャム ·············· 小さじ2

作り方

☐ 鍋に油を中火で熱し、はじめのスパイスを加えて炒める。カルダモンがふくれてくるまで。スパイスにゆっくりと火を通して香りを引き出したい場合は、油が冷たいうちから加えてもいい。

☐ 玉ねぎを加えて塩少々（分量外）をふり、強火でヒグマ色になるまで炒める。途中、大さじ2〜3ほどの水（分量外）を何度かに分けて加えながら炒めると時間を短縮できる。強火のままにんにく、しょうがを加えて、水分が飛び、青臭い香りがなくなるまで炒める。

☐ トマトピューレを加えて水分がほぼ飛ぶまで炒める。

☐ 弱火にし、中心のスパイスと塩を加えて炒める。スパイスにしっかり火を通したいので、1分以上は炒めたい。

☐ 牛肉はひと口大に切って塩、こしょう（分量外）を多めにふる。鍋に加え、中火にして表面全体が色づくまで炒める。ここでカレーのベースと牛肉とをよくなじませる。

☐ 赤ワインを加えて煮立て、アルコール分を飛ばす。スープを2回に分けて注いで強火でその都度、煮立てる。弱火にしてブルーベリージャムを加え、ふたをして60分ほど（できれば、90分ほど）煮込む。火はできる限り弱火にする。それでもふたをして煮込むと鍋中は表面がプクプクとするくらいの温度まで上がる。

Method Map

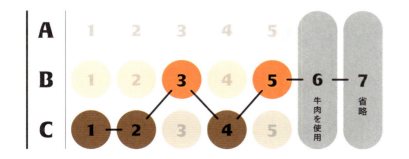

Spice Blend

メソッドカレー | アレンジ15

Chapter. 5

スパイシーポークカレー

ホールスパイスを減らし、パウダースパイスを増やすことで、
深い色みと濃厚なうま味を強めた印象的なカレー。

材料 4人分

- 植物油 …………………………………… 大さじ3
- 【はじめのスパイス（ホール）】
  - ● クミンシード ……………………… 小さじ1
- にんにく（みじん切り）………………… 2片
- しょうが（みじん切り）………………… 1片
- 玉ねぎ（スライス）……………………… 大1個
- 豚バラ肉（ひと口大に切る）…………… 400g
- 梅酒 ……………………………………… 100ml
- 【中心のスパイス（パウダー）】
  - ● クローブ …………………………… 小さじ1/2
  - ● マスタード ………………………… 小さじ1
  - ● パプリカ …………………………… 小さじ1
  - ● クミン ……………………………… 小さじ1
  - ● ガラムマサラ ……………………… 小さじ1
  - ● カルダモン ………………………… 小さじ1
  - ● コリアンダー ……………………… 小さじ1
  - ● ブラックペッパー ………………… 小さじ1/2
- 塩 ………………………………………… 小さじ1
- 水 ………………………………………… 300ml
- 【仕上げのスパイス（フレッシュ）】
  - ● 香菜（ざく切り）………………………… 適量

下準備

◇ 梅酒を豚肉にもみ込んで2時間ほど（できればひと晩）つけておく。

作り方

- ☐ 鍋に油を中火で熱し、はじめのスパイスを加えてクミンシードがこんがりするまで炒める。
- ☐ にんにく、しょうがを加えてこんがり色づくまで炒め、玉ねぎを加えて強火にし、木べらで玉ねぎをつぶしながらヒグマ色になるまで炒める。
- ☐ マリネした豚肉をマリネ液ごと加えて表面全体が色づいて、水分が適度に飛ぶまで炒める。
- ☐ 弱火にして中心のスパイスと塩を加えて炒める。
- ☐ 水を注いで強火で煮立て、弱火にしてふたを開けたまま45分ほど煮込む。
- ☐ 仕上げのスパイスを混ぜ合わせる。

The recipes | Variation: 15

Method Map

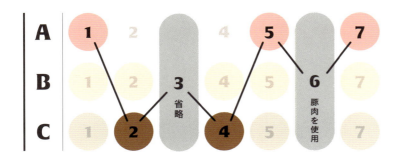

Spice Blend

メソッドカレー ｜ アレンジ 16

マスタードサーモンカレー

シードスパイスの香りとプチプチ感、ココナッツミルクの甘み、
粒マスタードのほどよい酸味で魚介類と相性よし。

材料 4人分

植物油	大さじ3
【はじめのスパイス（ホール）】	
●クミンシード	小さじ1/2
●ニゲラシード	小さじ1/4
●フェンネルシード	小さじ1/2
●フェヌグリークシード	小さじ1/4
●ブラウンマスタードシード	小さじ1/2
にんにく（みじん切り）	2片
しょうが（みじん切り）	2片
玉ねぎ（8等分して厚めのスライス）	1個（200g）
【中心のスパイス（パウダー）】	
●ターメリック	小さじ1/2
●フェヌグリーク	小さじ1/2
●イエローマスタード	小さじ1
●アムチュール	小さじ1
●コリアンダー	小さじ2
塩	小さじ2
粒マスタード	小さじ1
水	200ml
ココナッツミルク	200ml
鮭（ひと口大に切る）	3〜4切れ（400g）
【仕上げのスパイス（フレッシュ）】	
●ディル	適量

作り方

- □ 鍋に油を中火で熱し、はじめのスパイスを加えてクミンシードがこんがりと色づくまで炒める。
- □ にんにく、しょうがを加えてこんがりするまで炒め、強火にして玉ねぎを加えてキツネ色になるまで炒める。
- □ 弱火にして中心のスパイスと塩を加えて炒める。
- □ 水を注いで煮立て、粒マスタードとココナッツミルクを加えて弱火で5分ほど煮る。
- □ 鮭を加えて5分ほど煮込み、仕上げのスパイスを混ぜ合わせる。

The recipes | Variation: 16

Method Map

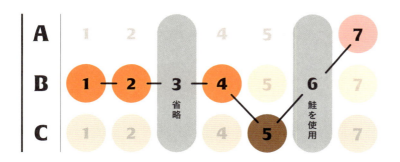

Spice Blend

メソッドカレー ｜ アレンジ 17

Chapter. 5

エビのカレー

乳製品のコクとエビのだしのうま味が調和。
ジンジャーとガーリックをパウダーで使う珍しい風味のカレー。

材料 4人分

植物油	大さじ3
【はじめのスパイス（ホール）】	
●クミンシード	小さじ1/2
●フェンネルシード	小さじ1/2
玉ねぎ（くし形切り）	2個（400g）
〈ベジタブルペースト〉	
・長ねぎ	70g
・セロリ	70g
・水	300ml
【中心のスパイス（パウダー）】	
●ターメリック	小さじ1/2
●ガーリック	小さじ1/2
●ジンジャー	小さじ1/2
●パプリカ	小さじ1
●コリアンダー	小さじ4
塩	小さじ1
砂糖	小さじ2
水	200ml
生クリーム	100ml
バター	30g
エビ（殻を取って背ワタを取り除く）	400g
【仕上げのスパイス（ホール）】	
●カスリメティ	大さじ3～4

下準備

◇ ベジタブルペーストを作る（P.71参照）。

作り方

☐ 鍋に油を熱し、はじめのスパイスを加えてクミンシードがこんがりするまで炒める。
☐ 玉ねぎを加えてざっと混ぜ合わせ、ベジタブルペーストの煮汁を注いで煮立てふたをしてグツグツ煮る。ふたを開けて水分を飛ばしながら全体がイタチ色になるまで炒める。
☐ ベジタブルペーストを加えて水分が飛ぶまで炒める。
☐ 中心のスパイスと塩を加えて炒め合わせる。
☐ 砂糖を加え、水を注いで煮立て、ふたをして弱火で3分ほど煮る。
☐ ふたを開けて生クリームを混ぜ合わせ、ソースを完成させる。
☐ フライパンにバターを熱し、エビを加えて表面がこんがりするまで炒める。煮込み鍋に加えて2～3分ほど煮る。
☐ 仕上げのスパイスを混ぜ合わせる。

Method Map

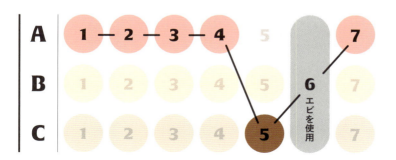

Spice Blend

メソッドカレー ｜ アレンジ 18

夏野菜のカレー

野菜そのものの味わいと栄養が体にジワリ。
スパイスが重奏的な風味を醸し出します。
食べ応えのある野菜カレーです。

Chapter. 5

材料 4人分

バター	40g
【はじめのスパイス（ホール）】	
● マスタードシード	小さじ 1/2
● クミンシード	小さじ 1/2
● コリアンダーシード（つぶす）	小さじ 1/2
● キャラウェイシード	小さじ 1/4
● アジョワンシード	小さじ 1/4
しょうが（みじん切り）	2片
にんにく（みじん切り）	1片
玉ねぎ（2センチ角切り）	中 1/2 個
【中心のスパイス（パウダー）】	
● ヒング	ふたつまみ
● ターメリック	小さじ 1
● パプリカ	小さじ 1
● アムチュール	小さじ 1
● コリアンダー	小さじ 2
塩	小さじ 1
水	100ml
〈ペースト〉	
・トマト（ざく切り）	大 2個
・牛乳	100ml
・カシューナッツ	50g
砂糖	小さじ 2
にんじん	1/2 本
なす	3本
オクラ	20本

下準備

◇ にんじんはゆでておく。ゆで汁（100ml）は取っておく。なすは素揚げにする。ペーストの材料をミキサーにかける。

作り方

☐ 鍋にバターとはじめのスパイスを加えて弱めの中火にかけ、バターが溶け始めたら鍋を傾けるなどしてスパイスがバターでコーティングされる状態を目指す。火力はそのままで焦げないように鍋の中を混ぜ合わせながら。

☐ にんにく、しょうがを加えて、ほんのり色づくまで炒め、玉ねぎを加えて強めの中火にし、玉ねぎのふちがこんがり色づくまで炒める。

☐ 弱火にして、中心のスパイスと塩を加えてざっと混ぜ合わせ、焦げないようにかき混ぜながら 1 分ほど炒める。

☐ ペーストと砂糖を加えて炒め合わせ、にんじんのゆで汁と水（合計 200ml）を加えて煮立て、ほどよく水分が飛び、全体がポテッとしたペースト状になるまで炒める。

☐ 野菜を加えて、ざっと混ぜ合わせる。ふたをして弱火で 5 分ほど煮る。

Method Map

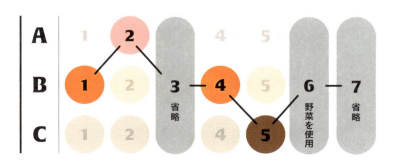

Spice Blend

秋野菜のカレー

秋を存分に感じられるベジタリアンカレー。
野菜の甘みにココナッツミルクをたっぷり
合わせることで濃厚なコクを生みます。

材料 4人分

揚げ油	適量
さつまいも（2〜3センチ角に切る）	小1本（200g）
かぼちゃ（2〜3センチ角に切る）	小1/8個（200g）
アボカド（2〜3センチ角に切る）	1個

【はじめのスパイス（ホール）】
- ココナッツロング … 大さじ2
- フェヌグリークリーフ … 大さじ1強
- セサミシード … 小さじ1/2
- アジョワンシード … 小さじ1/4
- レッドチリ … 1本

水	200ml

〈マサラペースト用〉
- ココナッツミルク … 200ml
- 香菜（ざく切り）… 大1束（25g）
- グリーンチリ（ざく切り）… 2本

【中心のスパイス（パウダー）】
- ホワイトペッパー … 小さじ1/2
- フェヌグリークシード … 小さじ1/2
- フェヌグリークリーフ … 小さじ1/2
- グリーンカルダモン … 小さじ1
- コリアンダー … 小さじ2

塩	小さじ1
バター	30g
ライム汁	1/2個分

下準備

◇ マサラペーストの材料と中心のスパイスをミキサーでペーストにしておく。
◇ さつまいもとかぼちゃを素揚げにする。

作り方

- □ 鍋に素揚げした野菜とはじめのスパイスを加えて弱めの中火にかけ、全体に絡め合わせるように1分ほど混ぜ合わせる。
- □ 水を注いで煮立て、ふたをしてごく弱火にして5分ほど煮る。
- □ マサラペーストを加えてよく混ぜ合わせる。できるだけ余すことなく加えられるよう、ゴムベラなどを使うとよい。スパイスの香りが立ってくるまで加熱する。
- □ 塩、アボカドを加えて煮立て、ふたをして弱火で5分ほど煮る。アボカドが硬い場合は、火が通るまで時間がかかることがあるため、長めに煮込んだほうがいい。ただ、その場合、煮込みの途中で煮詰まってしまう可能性もあるため、適宜、分量外の水を加える。
- □ ふたを開けてバターを溶かし混ぜ、ライム汁を混ぜ合わせる。

Method Map

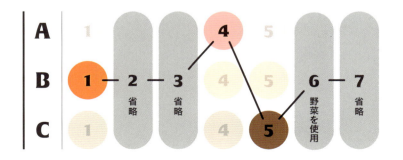

Spice Blend

エッグポテトカレー

ゆで卵とじゃがいもがコロコロした見た目にかわいらしいカレー。
スパイスのロースト感が香りの印象を残します。

材料 4人分

植物油	大さじ3
【はじめのスパイス（ホール）】	
● クミンシード	小さじ1
ゆで卵	4個
【中心のスパイス（パウダー）】	
● ターメリック	小さじ1
● パプリカ	小さじ1
● レッドチリ	小さじ1
● ローステッドコリアンダー	小さじ1
● コリアンダー	小さじ2
しょうが（みじん切り）	1片
グリーンチリ（1センチ幅に切る）	2本
玉ねぎ（スライス）	1個（200g）
ホールトマト	200g
塩	小さじ1
水	400ml
じゃがいも（大き目のひと口大）	小2個
【仕上げのスパイス（テンパリング用）】	
・ 植物油	大さじ2
● マスタードシード	小さじ1
● フェヌグリークシード	ふたつまみ
● 香菜（ざく切り）	大さじ1

作り方

- 鍋に油を中火で熱し、はじめのスパイスを加えて炒める。ゆで卵を加えて表面がこんがりするように転がしながら炒め、卵を取り出しておく。
- しょうが、グリーンチリ、玉ねぎを加えて玉ねぎがイタチ色になるまで炒める。
- ホールトマトを加えて水分が飛ぶまで炒める。
- 弱火にして中心のスパイスと塩を混ぜ合わせ、さっと炒め合わせる。
- 水を注いでミキサーでピューレにし、鍋に戻して煮立てる。
- 卵を戻し、じゃがいもを加えてふたをし、弱火で20分ほど煮る。
- テンパリングする。フライパンに油を中火で熱し、マスタードシードとフェヌグリークシードを加えて炒め、パチパチとし始めたら香菜を加えて混ぜ合わせる。油ごと煮込み鍋に加える。

The recipes | Variation: 20

Method Map

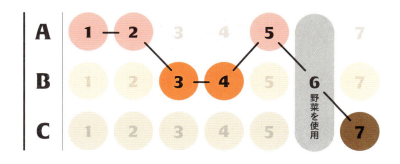

Spice Blend

Column

4

カレーの往復書簡

あれはしない。これはやりたくない。

僕は自分で自分を縛り付けたり、窮屈なところに追いやったりするのが好きだ。もともと器用なタイプではないから、シンプルな環境を作るとモチベーションが上がるのだろう。

あるとき、佐賀県からこんな提案があった。

「水野さんのオリジナルカレー皿を作って売りませんか？」

「いや、そういうの、興味ないんですよね」

バッサリと切り捨ててしまったくせに、都合のいいことをお願いした。

「でも、窯元さんは訪ねたいです！ 作り手さんともお話ししたい！」

李荘窯の寺内さんと会ったのはそんな経緯からだ。魅力的な磁器作品をたくさん見た中で、ひときわ惹かれた小鉢があった。江戸時代の型を復刻して、いぶし銀の釉薬を塗っている。華やかな形をしているわけでもきらびやかな絵付けがあるわけでもない。ただ、そこには自分の目指すカレーと似た空気が漂っていた。

僕には「盛りつけ時にトッピングはしない」というポリシーがある。またも「〜〜しない」である。まったく面倒な男だ。ソースの表情だけで視覚的なもののすべてを表現したい。ちっちゃな美意識だが譲れない。地味で愚直で、ずっと眺めていたくなるようなカレーの姿を常に模索している。それが、寺内さんの小鉢にはあったのだ。

東京に戻ってから、意外なことが起こった。なんと寺内さんがスパイスでカレーを作っては、せっせと写真や感想を送ってくれるようになったのだ。なんだか嬉しかった。

佐賀と東京でのカレー往復書簡は、おのずとカレー皿の往復書簡へと変わっていった。忙しく世界を飛び回る寺内さんが時間を見つけてはろくろを回し、僕のイメージするカレー皿を作ってくれている。別に何かを約束したわけではないというのに。

手元に届いた器に僕のカレーを盛りつけると、理想（リソウ）のカレーの姿にグッと近づいた。おおお、と興奮する。そうか、だから李荘（リソウ）窯なのか！ ……なんて言ったら、「いやいやいや」と突っ込まれるのだろうけれどね。

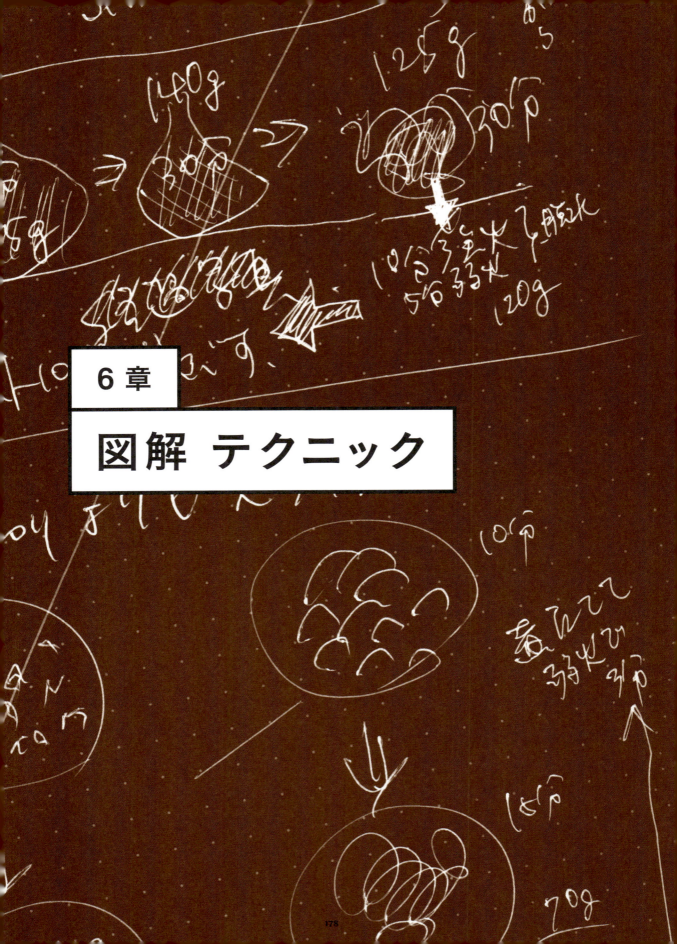

6章
図解 テクニック

カレーとは、カレー以外のことを夢中で考えていると、
いつのまにかできあがっているものなのさ。
……なあんてね。

水野仁輔

Life is what happens to you while you're busy making other plans.
John Lennon

なぜ玉ねぎを加熱するのか？

玉ねぎへの疑問はおいしさへの道

もしあなたが、カレーを作るときに何も考えず玉ねぎを買いに行き、なんとなくみじん切りにし、理由も知らずに炒め始めているとしたら、そのすべての行為を悔い改めるべきだ。「なぜ、カレーに玉ねぎが必要なのか？」「なぜ、玉ねぎを加熱するのか？」「そのために玉ねぎをどうするべきなのか？」

玉ねぎをその手に取る前に頭に思い浮かべるべきことはたくさんある。「そもそも、玉ねぎとは何か？」とか。

カレーに玉ねぎを使う目的は、ひと言で言えば「うま味を加える」ためである。具体的には4つの目的の末にうま味はできあがる。

1 甘味を引き立てる

加熱による味わいの変化は興味深い。

わかりやすくいえば、甘味以外のすべての味わいが下がる、もしくは消えていく。相対的に甘味が引き立つのが玉ねぎ加熱の仕組みである。そこでひとつ、知っておいた方がいいことがある。

玉ねぎは煮ても焼いても炒めても揚げても糖度は変わらない。「甘くなっている」というより「甘く感じやすくなっている」のである。

2 香味を加える

玉ねぎを加熱していくと色が次第に濃くなっていく（ウサギ→クラゲ→イタチ→キツネ→タヌキ→ヒグマ→ゴリラ）と同時に、香ばしい香りも強まっていく。これは、主にふたつのとても大事な反応によるものだ。

メイラード反応 素材の糖分とアミノ化合物が化学反応を起こし褐変する。

キャラメリゼ 素材の糖分が化学反応を起こし香ばしさや焼き色がつく。

どちらも我々にとっては食欲を増進し、おいしさを強める効果がある。

3 脱水して濃縮する

玉ねぎの中には想像以上に水分が含まれている。この水分を加熱により飛ばす。200gあった玉ねぎが加熱して100gになれば、2倍に濃縮されたことになる。

4 粘度を強める

とろみをつけると言い換えてもいい。またとろみに限らず、切り方や加熱の仕方によって舌触り（テクスチャー）もめまぐるしく変化する。ソースに溶けて味わいを変える。

| 図解 | 玉ねぎ | 2 |

玉ねぎに何が起きているのか?

そのとき、玉ねぎは動いた!

玉ねぎを加熱することの意味が理解できると、実際に加熱した玉ねぎがどうなっているのかが気になってくる。ん? 気にならない? いや、気になるはずだ。それを知っておくと、「じゃあ、どうやって加熱しようか」と楽しい悩みがまたひとつ増える。カレーのベースにするなら、何にしろ玉ねぎはつぶすことになる。少なからず脱水と褐変を伴うことになる。

生玉ねぎ	形がしっかりしていて中に水分を含んでいる状態。
脱水	形が柔らかくなり、水分が徐々に抜けていく状態。
褐変	キャラメリゼ&メイラード反応によりこんがりする状態。

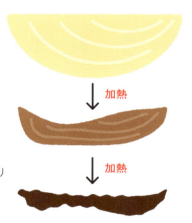

加熱時に玉ねぎをじっくり観察してみるとおもしろい。玉ねぎの声が聞こえる気がする。少しずつ変化の兆しを感じ始める。お、と思う瞬間がある。そのとき、玉ねぎは動いた! 蒸気を上げ始めたり(脱水)、こんがりし始めたり(褐変)するのである。ただ、このタイミングは、加熱によってさまざまだ。

例1
くし形切りにし、蒸し煮して炒める

↓

"脱水"してから"褐変"する

蒸し煮の段階で玉ねぎ全体が柔らかくなっていき、水分が抜ける。そのまま蒸し焼きに入ったり、ふたを開けて炒め始めてから色づき始める。バランスよくつぶれ、色づいていく可能性が高い手法。

例2
薄くスライスにし、強火で炒める

↓

"脱水"と"褐変"が同時に起こる

スタートから強火で炒め始めると、部分的にはまず玉ねぎの表面が色づき始めるが、ほぼ同時に玉ねぎの中の水分が抜け始める。そこから先は、色づきが深まるにつれて脱水も進むバランスのいい手法。

例3
厚めのスライスにし、揚げるように炒める

↓

"褐変"してから"脱水"する

油が多く、鍋中の温度が高いため、割と早い段階で玉ねぎの表面がこんがりし始める。が、まだ玉ねぎの中に水分が残っている状態。徐々に中の水分も抜けていくが、脱水よりも褐変のほうが先に進む手法。

玉ねぎにどのように熱が伝わるのか？

玉ねぎは炒めないことにした

なぜ、玉ねぎを炒めなきゃいけないんだろうか？ 玉ねぎを炒めることに疑問を持つようになったのは、いつごろからだろうか。なぜ？ 何のために？ 他にないの？ 疑問というのはすぐ膨らみ、解決するまで頭から離れない。炒める以外にいろんな加熱の方法を試し続けた結果、ある日、僕はひとつの結論に到達したのだ。

玉ねぎは、炒めないことにした。

反響がすごかったなぁ。ええぇ！？ 玉ねぎ、炒めないんですか！？ どうして？ そのほうがおいしいの？ じゃ、何するの？ 今度は周囲の人たちの疑問を膨らませてしまった。僕が言いたかったのは、「玉ねぎの加熱には、炒める以外にもたくさんの手法があるよ」ということだった。

そもそも、玉ねぎに熱が伝わる仕組みは、どんなものがあるのだろうか？

カレーメソッドでの玉ねぎ加熱は、以下の仕組みで説明できる。

例1）蒸し煮（対流熱）して炒める（伝導熱）
例2）強火で炒める（伝導熱のみ）
例3）揚げるように炒める（対流熱＆部分的に伝導熱）

対流熱
- ゆでる …………… 液体を媒介にした熱伝導
- 煮る ……………… 液体を媒介にした熱伝導
- 沸かす …………… 液体を媒介にした熱伝導
- 揚げる …………… 油を媒介にした熱伝導
- 蒸す ……………… 空気を媒介にした熱伝導

伝導熱
- 焼く ……… 器具（固体）を媒介にした熱伝導／直火焼きなら空気を媒介
- 炒める …………… 油を媒介にした熱伝導
- 煎る ……… 器具（固体）を媒介にした熱伝導

放射熱
- グリル …………… 赤外線による熱伝導（片面の場合もあり）
- オーブン（タンドール）…… 赤外線による熱伝導（全方位から）

水の熱伝導マジック！

玉ねぎ炒めの裏技に、わざと焦がして水を加える手法がある。焦がすといっても黒焦げにするわけではない。炭化するギリギリまで我慢して水を加えるのだ。実はかなりの高等テクニック。そのとき、鍋中には何が起こっているだろうか。

STEP 1：焦がす

「伝導熱」により強火で炒める。鍋底＆鍋肌に設置している玉ねぎがこんがりと色づき始めるが、鍋中をかき混ぜずに我慢。

STEP 2：水を加える

加えた水が鍋底＆鍋肌と玉ねぎの表面（焦げるギリギリまで褐変している部分）との隙間に入り込む。部分的に対流熱が生まれる。

> 結果、加えた水は瞬時に「鍋中の温度を下げ」、「褐変した箇所をこそげ」、「玉ねぎを柔らかくし」、仕事を終えたら蒸気となって鍋中から外へ逃げていく。

実際に玉ねぎをいくつかのパターンで加熱してみる。
85gの生玉ねぎを1.5センチ幅にスライスし、5分間、加熱した。

煮た場合

強火で5分 …………………………… 結果：75g

揚げた場合

180℃で5分 …………………………… 結果：40g

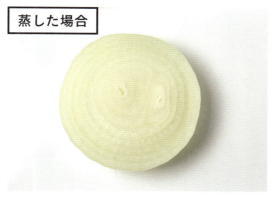

蒸した場合

強火で5分 …………………………… 結果：75g

焼いた場合

弱火で押しつけて5分 …………………………… 結果：70g

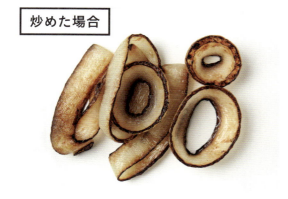

炒めた場合

強火で5分 …………………………… 結果：70g

直火焼きした場合

中火で5分 …………………………… 結果：65g

図解 玉ねぎ 4

玉ねぎは本当に焦げるのか？

生玉ねぎ（約 200g）を4等分の幅に輪切りにし、断面に薄く油を塗り、中火で熱した鍋に置いて、上から軽く押さえつけた状態をキープしながら加熱した。3分後と5分後の状態を比較。鍋の素材によって火の入り方がかなり違うのがわかる。あなたの使っている鍋は、どのタイプ？

アルミ合金フッ素樹脂 / 水野仁輔 カレーの鍋

3分　油が少なくても玉ねぎが焦げつく可能性が低い。

5分　熱伝導も蓄熱性もいいため、失敗しにくい。

ステンレス / ビタクラフト

3分　熱伝導率が非常に低いため、ゆっくり温まる。

5分　蓄熱性が高く、鍋底が薄いと焦げの進行が速い。

アルミ / 中尾アルミ製作所

3分　熱伝導率が高いため、早く温まりやすい。

5分　鍋底が厚手の場合、色づきの進行はゆっくり。

鋳物ホーロー / バーミキュラ

3分　熱伝導が均一のため、まんべんなく色づく。

5分　保温性、蓄熱性が高いが、適量の油が必要。

| 図解 | 玉ねぎ | 5 |

その玉ねぎは何色なのか？

キツネはあめ玉に化けたりはしない

カレーの世界では、玉ねぎの炒め色について、長い間、さまざまな表現が使われてきた。メジャーな表現は「キツネ色」と「あめ色」だろうか。ここに長らくひとつの疑問を抱えてきた。キツネという動物の色だったものが、あめ玉というお菓子の色になるのが解せない。どうせならすべて動物で表現できないだろうか。熟慮の末に僕は完璧な表現方法を見つけてしまったのだ！これでもう、あなたが玉ねぎ炒めで迷うことはないはずだ。

1：白い生玉ねぎ……………………ウサギ色
2：しんなり透明……………………クラゲ色
3：ほんのり茶色……………………イタチ色
4：黄金色……………………………キツネ色
5：濃い茶色…………………………タヌキ色
6：あめ色……………………………ヒグマ色
7：黒色………………………………ゴリラ色

材料	玉ねぎ（くし形切り）……400g	植物油……………………40ml
	水………………………400ml	塩…………………………4g

1 ウサギ色

鍋に玉ねぎと水を加え、ふたをして強火で20分ほど蒸し煮する。（1〜2）

2 クラゲ色
3 イタチ色

ふたを開けて植物油を加えて強火のまま7〜8分ほど水分を飛ばしながら炒める。（3）

4 キツネ色

さらに強火で7〜8分ほど炒める。（4）

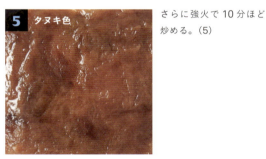
5 タヌキ色

さらに強火で10分ほど炒める。（5）

6 ヒグマ色

中火にして炒める。（6）

7 ゴリラ色

中火のまま炒める。丁寧に炒めれば、ゴリラ色（黒色）まで炒めても苦味はなく、ジャムのような状態になる（7）

玉ねぎにはどんな加熱方法があるのか？

タイプA：蒸し煮して炒める

材料	
玉ねぎ	400g
油	大さじ2
水	400ml
塩	小さじ1/2

玉ねぎを切る
玉ねぎをくし形切りにする。細かく切りすぎないことで、玉ねぎそのものが持つとろみや甘味が引き立ちやすくなる。

玉ねぎを蒸し煮する
水と塩を加えて強火にし、ふたをしてグツグツと煮る。加えた水分が蒸気として飛び、玉ねぎがくったっとしてくるまで。

玉ねぎを炒める
ふたを開けて油を加え、強火のまま炒める。木べらで玉ねぎを適度につぶしながら、ほんのりイタチ色になるまで。

タイプ B：揚げるように炒める

材料	
玉ねぎ	200g
油	大さじ4
塩	小さじ 1/2

玉ねぎを切る
縦と横に包丁を入れて4等分にしてから厚めにスライスする。通常のスライスより火の通りが均一になる。

油と塩を加える
多めの油を加えて強火で炒める。塩を加えることで玉ねぎの中の水分が出やすくなり、加熱が促進される。

玉ねぎを炒める
油で揚げるような感覚で炒める。強火か、強めの中火程度でこんがりと玉ねぎの表面がタヌキ色になるまで。

| 図解 | 玉ねぎ | 7 |

玉ねぎの加熱と味わいの関係は？

玉ねぎの切り方や加熱の仕方は無数にある。しかも、できあがる玉ねぎはすべて味わいも舌触りも変わる。ああ、気が遠くなるような話だ。いったい、どうすればいいの？ だからいくつかのサンプルを紹介しよう。どう切ってどう加熱したらどんな味になるのか。好みのやり方を見つける手がかりにしてほしい。

指標の説明

- 甘さ …… 糖度ではなく舌で感じる甘味の度合い
- 香り …… 主にメイラード反応による香ばしい香り
- 脱水 …… 玉ねぎ自体が持つ水分をどれだけ抜けるか
- 粘度 …… 舌触りのなめらかさやくちどけなど

タイプA：蒸し煮して炒める

材料
- 玉ねぎ …… 400g
- 油 …… 大さじ2
- 水 …… 400ml
- 塩 …… 小さじ1/2

作り方
鍋に油を強火で熱し、玉ねぎと塩を加えてふたをし、強火で15分ほど蒸し煮する。ふたを開けて10分ほど水分を飛ばすように煮詰め、炒める。

結果
玉ねぎ：175g

タイプB：揚げるように炒める

材料
- 玉ねぎ …… 200g
- 油 …… 大さじ4
- 塩 …… 小さじ1/2

作り方
鍋に油を中火で熱し、玉ねぎと塩を加えてざっと混ぜ合わせたら強火にし、揚げるような感覚でタヌキ色になるまで炒める。

結果
玉ねぎ：100g

タイプC：スライスして炒める

材料
玉ねぎ ……………… 200g
（繊維に沿ってスライス）
油 ………………… 大さじ2
塩 ………………… 小さじ1/2

作り方
鍋に油を熱し、玉ねぎと塩を加えて強火で焼きつけるように炒め、徐々に強めの中火まで火力を落としながら合計15分ほど炒める。

チャート
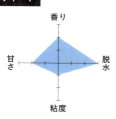

結果
玉ねぎ：70g

タイプD：スライスして炒める

材料
玉ねぎ ……………… 200g
（繊維に垂直にスライス）
油 ………………… 大さじ2
塩 ………………… 小さじ1/2

作り方
鍋に油を熱し、玉ねぎと塩を加えて強火で焼きつけるように炒め、徐々に強めの中火まで火力を落としながら合計15分ほど炒める。

チャート
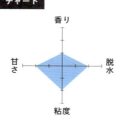

結果
玉ねぎ：85g

タイプE：みじん切りして炒める

材料
玉ねぎ ……………… 200g
（みじん切り）
油 ………………… 大さじ2
塩 ………………… 小さじ1/2

作り方
鍋に油を熱し、玉ねぎと塩を加えて強火で焼きつけるように炒め、徐々に強めの中火まで火力を落としながら合計15分ほど炒める。

チャート
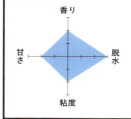

結果
玉ねぎ：70g

タイプF：弱火で長時間炒める

材料
玉ねぎ ……………… 400g
（繊維に沿ってスライス）
油 ………………… 大さじ2
塩 ………………… 小さじ1/2

作り方
鍋に油を熱し、玉ねぎと塩を加えてふたをし、弱火で10分ほど蒸し煮にする。ふたを開けて弱火のまま50分ほど水分を飛ばしながらヒグマ色になるまで炒める。

結果
玉ねぎ：95g

7

タイプG：強火で焼きつけて加熱する

材料
- 玉ねぎ ………… 200g
  （繊維に沿ってスライス）
- 油 ………… 大さじ2
- 塩 ………… 小さじ1/2
- 水 ………… 100〜150ml

作り方
鍋に油を熱し、玉ねぎと塩を加えて強火で焼きつけるように炒め、強火のまま焦げそうになる前に水50mlほどを加えて水分を飛ばす。3度ほど繰り返し、合計15分ほど炒める。

チャート
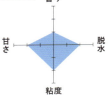

結果
玉ねぎ：130g

タイプH：油で揚げる

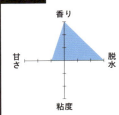

材料
- 玉ねぎ ………… 200g
  （繊維に垂直にスライス）
- 揚げ油 ………… 適量

作り方
鍋に揚げ油を熱し、130℃〜150℃で8分ほど揚げる。

チャート
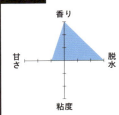

結果
玉ねぎ：40g

タイプI：スライスとすりおろしを炒める

材料
- 玉ねぎ ………… 100g
  （繊維に沿ってスライス）
- 玉ねぎ ………… 100g
  （すりおろし）
- 油 ………… 大さじ2
- 塩 ………… 小さじ1/2

作り方
鍋に油を熱し、スライスした玉ねぎと塩を加えて強火で焼きつけるように5分ほど炒め、すりおろしの玉ねぎを加えて強火のままさらに5分ほど炒める。

チャート
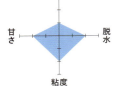

結果
玉ねぎ：105g

タイプJ：油で挙げてペーストにする

材料
- 玉ねぎ ………… 200g
  （繊維に垂直にスライス）
- 揚げ油 ………… 適量
- 水 ………… 100ml

作り方
鍋に揚げ油を熱し、130℃〜150℃で8分ほど揚げる。ミキサーに入れて水と一緒にペーストにする。

チャート
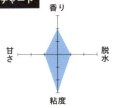

結果
玉ねぎ：140g

図解　玉ねぎ　8

玉ねぎは均一に色づけるべきなのか？

自己満足より食べる人の満足

玉ねぎ炒めに神経質になる人は多い。長時間かけて美しく色づけていくことがおいしいカレーに欠かせないと信じているからかもしれない。玉ねぎの炒め色が美しいかどうかよりも気にするべきなのは、「メイラード反応の総量」である。

たとえば、くし形切りした3枚の玉ねぎを炒めるとする。3枚とも同じ進行具合で色づけていった場合、メイラード反応による玉ねぎのおいしさが「＋30点」×3になる。進行具合を気にせずに色づけたら、3枚はまばらな色になる。「＋10点」の玉ねぎと「＋30点」の玉ねぎと「＋50点」の玉ねぎができあがる。それぞれの玉ねぎから生まれるおいしさポイントは、どちらも合計90点である。

ここからが肝心だ。考えてみよう。カレーを作る場合、たいていは、この後、何かしらの水分が鍋に入り、玉ねぎは具と一緒に煮込まれていくことになる。「＋90点」は水分に溶けだして鍋中全体にいきわたる。個性豊かだった玉ねぎが均質化するのだ。仕上がったカレーを食べた人に平等に玉ねぎのおいしさが届くことになるのだ。

あなたが仮に3個のキッシュを焼いているのなら、焼き上がりにムラがあったら食べる人たちの間でケンカになるかもしれない。その点、カレーの玉ねぎは安心だ。

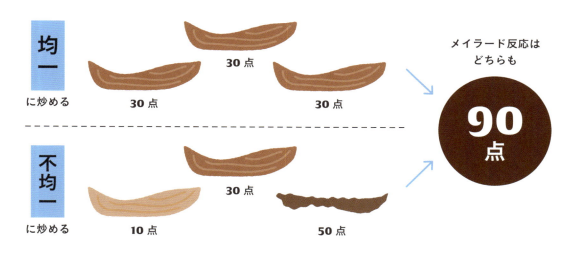

玉ねぎは使わないことにした

玉ねぎの代わりに同量の長ねぎを使ってカレーを作ったことがある。いつもとまったく同じレシピで玉ねぎだけを長ねぎに変えたのだ。あの味は忘れられない。明らかに玉ねぎのときよりもおいしかった。だからと言って、その後、僕は玉ねぎを使わないことにしたわけではない。長ねぎもあるというチョイスを自分が手にしたことでひとまず、満足している。

そもそも、カレーを作るのに玉ねぎが不可欠だということではない。カレーに不可欠なのはスパイスだけで、極端に言えば、それ以外はあってもなくても大丈夫だ。インド料理のバターチキンや、タイ料理の各種カレーは、玉ねぎを使わないケースも多い。いまでも僕は玉ねぎも長ねぎも使わず、あえてさっぱりしたカレーを作ることがある。あれはあれでいい味わいである。

玉ねぎは細かく切るべきなのか?

あるとき、イベント用のカレーを仕込むため、30個ほどの玉ねぎを切りながら、ふと、疑問が湧いてきたんだ。なぜ、こんなにも玉ねぎを細かく切らなきゃいけないんだろう？ ああ、また悪いクセが始まった。

なぜ、何のために、玉ねぎを切らなくてはならないのか？ カレーのベースにする玉ねぎはつぶして味を濃縮させるためにある。煮込んでカレーができあがったころには、ほとんど存在感はなく、場合によっては跡形もなく消えてしまうこともある。だったら、切らなくてもいいじゃないか。

それからというもの、僕は、カレーを作るときにできるだけ玉ねぎを細かく切らないようにした。くし形切りや四つ割りなど。包丁を入れる回数が少なくなればなるほど、玉ねぎらしい風味やとろみが増し、おいしく感じるようになったんだ。

みじん切りかスライスか、それが問題だ

たとえば、みじん切りとスライスの場合、包丁を入れる回数が少ないのは、「スライス」のほうだ。2通りの切り方で加熱方法を同じにし、食べ比べをしてみた。

みじん切りの場合

200gの玉ねぎをみじん切りにし、強火で10分ほど炒め、中火にしてさらに5分ほど炒める。500mlの湯を注ぎ、煮立ててから弱火にして3分ほど煮る。

スライスの場合

200gの玉ねぎをスライスにし、強火で10分ほど炒め、中火にしてさらに5分ほど炒める。500mlの湯を注ぎ、煮立ててから弱火にして3分ほど煮る。

試食結果 どちらも味わいは同じ。みじん切りバージョンは、玉ねぎのぱらぱらとした食感が残るのに対し、スライスはなめらかな食感に。いずれにせよ微差である。

玉ねぎは勝手につぶれてくれるのさ

たっぷり時間があるのなら、玉ねぎは皮をむいてまったく切らずに丸のまま蒸し煮をすればいい。次第に柔らかくなり、つぶれていく。とろとろになって鍋肌や鍋底に当たった表面からこんがりと色づいていく。舌触りは驚くほどなめらかだ。

丸のままの玉ねぎがどのように煮崩れていくのかを時間経過とともに確認した。「この手法がベスト」というわけではなく、玉ねぎの状態の変化を把握しておくことで、切ることや加熱をすることの意味を考えるきっかけになればいいなと思う。

| 材料 | 玉ねぎ ………………………… 170g | 水 ………………………… 適量（たっぷり） |

1
鍋に玉ねぎと水を加えてふたをして強火にかける。以降は適宜、湯を足しながら。

2
ふたをしたまま、はじめの30分後、玉ねぎは170g。それほど状態は変わらない。

3
ふたをしたまま、さらに30分後、玉ねぎは155g。

4
ふたをしたまま、さらに30分後、玉ねぎは140g。

5
ふたをしたまま、さらに30分後、玉ねぎは125g。

6
ふたを開けて、さらに10分ほど強火で水分を飛ばし、弱火にして5分ほど煮詰める。玉ねぎは120g。

7
ふたを開けたまま、さらに10分ほど強火で加熱し、つぶす。

| 図解 | 食材 | 1 |

その食材は何のために使うのか？

キミがいなくちゃダメなんだ

カレーを作るのに無駄な食材などひとつもあってはならない。すべての食材が一丸となってそのカレーをおいしくするのだから。作るあなたに求められるのは、役割分担をしてあげることだ。カレーは「ソース（ベース＋スープ＋隠し味）」と「スパイス」と「具」でできている。どの食材にどのパートで活躍してもらうかを振り分けよう。

例）AIR SPICE「基本のチキンカレー」の場合

材料 4人分

紅花油（または植物油）…………… 大さじ3
【はじめのスパイス（ホール）】
　● シナモン ……………………………… 1本
　● クミンシード ……………………… 小さじ1/2
　● クローブ ……………………………… 5粒
　● メース …………………………… ふたつまみ
玉ねぎ（スライス）……………………… 1個
塩 ………………………………………… 小さじ1
にんにく（すりおろし）……………… 1片
しょうが（すりおろし）……………… 2片
トマトピューレ ……………………… 大さじ3
プレーンヨーグルト …………………… 100g
【中心のスパイス（パウダー）】
　● コリアンダー ……………………… 大さじ1強
　● カルダモン ………………………… 小さじ1
　● パプリカ ………………………… 小さじ1/2強
　● ターメリック …………………… 小さじ1/2強
　● フェヌグリーク ………………… 小さじ1/2
　● ローステッドレッドチリ …… 小さじ1/2弱
鶏もも肉（ひと口大）………………… 450g
水 ………………………………………… 250ml
【仕上げのスパイス】
　● 香菜（あれば・ざく切り）………… 1/2カップ
生クリーム（あれば）………………… 大さじ2～3

作り方

1 鍋に油を熱し、はじめの**スパイス**を加えて炒める。…… **はじめの香り**

2 玉ねぎ（**ベース**）と半量の塩を加えてキツネ色になるまで炒める。にんにく、しょうが（**ベース**）と100mlほどの水（分量外）を加えて中火のまま、水分と青臭い香りが飛ぶまで炒める。…… **ベースの風味**

3 トマトピューレ（**ベース**）を加えてさっと混ぜ合わせ、ヨーグルト（**ベース**）を混ぜ合わせて炒める。…… **うま味**

4 火を弱めて、中心の**スパイス**と残りの塩を加えて炒める。…… **中心の香り**

5 水（**スープ**）を加えて火を強め、ポコポコとするまで煮立てる。…… **水分**

6 別のフライパンで表面に焼き色をつけた鶏肉（**具**）を加え、弱火で20分ほど煮込む。…… **具**

7 ふたを開けて生クリーム（**隠し味**）と仕上げの**スパイス**を加えて混ぜ合わせ、中火で3～5分ほど煮る。…… **仕上げの香り**

ソース	スパイス	具
つぶす	香らせる	残す

ソース つぶす

- ベース
- スープ
- 隠し味

・紅花油　・塩　・生クリーム
・玉ねぎ　・水
・にんにく
・しょうが
・トマトピューレ
・プレーンヨーグルト

スパイス 香らせる

・はじめのスパイス
・中心のスパイス
・仕上げのスパイス

具 残す

・鶏もも肉

Curry-making illustrated

食材の役割分担例 （※ AIR SPICE レシピより）

チキンカレー

| ソース | | | 具 | スパイス | | |
ベース	スープ	隠し味		ホール	パウダー	フレッシュ
玉ねぎ	水	ココナッツファイン	鶏ひき肉	レッドチリ	ターメリック	グリーンチリ
にんにく	レモン汁	プレーンヨーグルト	グリーンピース	シナモン	レッドチリ	ししとう
しょうが	ライム汁	レモン汁	骨付き鶏もも肉	クローブ	カルダモン	カレーリーフ
ホールトマト	ココナッツミルク	にんにく	鶏もも肉	ベイリーフ	コリアンダー	ニラ
プレーンヨーグルト		しょうが	玉ねぎ	ブラックペッパー	パプリカ	ミント
トマトピューレ		バター	トマト	カルダモン	ガラムマサラ	香菜
生トマト		はちみつ	ピーマン	メース	カスリメティ	
		生クリーム	鶏手羽先	クミン	クミン	
		カシューナッツ	鶏手羽元	フェンネル	フェヌグリーク	
		黒糖	ほうれん草	セサミシード	キャラウェイ	
		しょう油	卵	スターアニス		
		マーマレード		カスリメティ		
				ウラドダル		
				キャラウェイ		

野菜のカレー

| ソース | | | 具 | スパイス | | |
ベース	スープ	隠し味		ホール	パウダー	フレッシュ
玉ねぎ	水	カシューナッツ	にんじん	フェンネル	ターメリック	グリーンチリ
にんにく	レモン汁	ココナッツファイン	なす	クミン	コリアンダー	香菜
しょうが	プレーンヨーグルト	三温糖	いんげん	ディルシード	ホワイトペッパー	しょうが
プレーンヨーグルト	ココナッツミルク	煮干し	ひよこ豆	フェヌグリーク	フェヌグリーク	ディル
トマトピューレ	トマト	生クリーム	ほうれん草	キャラウェイ	マスタード	バジル
生トマト	牛乳	バター	小松菜	セロリシード	アサフェティダ	ミント
ホールトマト	カシューナッツ	黒糖	カリフラワー	カロンジ	レッドチリ	ニラ
	ライム汁	ごぼう	じゃがいも	アジョワン	チャットマサラ	カレーリーフ
			冬瓜	レッドチリ	カスリメティ	パセリ
			マッシュルーム	カルダモン	パプリカ	
			ブロッコリー	クローブ	ガラムマサラ	
			ミックスビーンズ	シナモン	アムチュール	
			スイートコーン	コリアンダー	カルダモン	
			さつまいも		サンバルマサラ	
			かぼちゃ			
			アボカド			

肉のカレー

ソース			具	スパイス		
ベース	スープ	隠し味		ホール	パウダー	フレッシュ
玉ねぎ	水	はちみつ	牛肉	カルダモン	ターメリック	グリーンチリ
にんにく	牛乳	白ワインビネガー	豚肩ロース肉	クローブ	レッドチリ	ミント
しょうが	ココナッツミルク	三温糖	マトン	シナモン	フェンネル	ししとう
トマトピューレ		にんにく	牛豚合びき肉	マスタード	コリアンダー	あさつき
ホールトマト		しょうが	なす	ブラックペッ	ガラムマサラ	
生トマト		プレーンヨーグルト	グリーンピース	パー	カルダモン	
赤パプリカ		カシューナッツ	牛バラ肉	クミン	クミン	
		生クリーム	まいたけ	ポピーシード	ホワイトペッパー	
		練り黒ごま	しいたけ	スターアニス	パプリカ	
		しょう油	豚バラ肉	カロンジ	オールスパイス	
		黒糖	大根	アニスシード	ナツメグ	
		バター	豚ひき肉	ベイリーフ	ローステッドクミン	
		梅干し	牛肩ロース肉		カロンジ	
		ブルーベリー	牛ひき肉		オレガノ	
		ジャム	りんご			
		ごぼう	かぶ			

魚介のカレー

ソース			具	スパイス		
ベース	スープ	隠し味		ホール	パウダー	フレッシュ
玉ねぎ	水	ごま油	真鯛	クミン	ターメリック	カレーリーフ
にんにく	ココナッツミルク	黒糖	エビ	フェンネル	レッドチリ	グリーンチリ
ホールトマト	レモン汁	三温糖	アサリ	フェヌグリーク	コリアンダー	バジル
しょうが	プレーンヨーグルト	生クリーム	オクラ	マスタード	アムチュール	タイム
トマトピューレ	白ワイン	バター	鮭	セロリシード	ガラムマサラ	
生トマト	牛乳	練りマスタード	柿	カロンジ	パプリカ	
		梅干し	ブリ	レッドチリ	メース	
			大根	ウラドダル	チャットマサラ	
				ディルシード	カルダモン	
				アニスシード	フェヌグリーク	
					ジンジャー	

図解　食材　2

カレーをおいしくするトマトは
生かホール缶か？

スパイスでカレーを作るとき、トマトは心強い味方である。炒めて脱水し、濃縮させれば、煮込んだ後に姿を消してうま味を醸し出してくれる。トマトが持つ主要なうま味成分は、グルタミン酸ナトリウムだと言われている。これは、市販されている化学調味料のうま味成分と同じで、いわば天然の調味料としては、最強の部類に入ると言っていいだろう。

天然だからこそ、トマトは生の状態で使うのがいちばんだという考えの人は多いと思う。ところが、そうとも言えないところが、難しい。

トマトの加熱は濃縮させてうま味を引き出すことにあるが、具体的な加熱プロセスとしては以下のことが行われている。

① トマトを温めて柔らかくする
② 形をつぶす（脱水しやすくする）
③ 水分を飛ばす（味を濃縮させる）

これをすべて鍋の中で（しかも、たいていそこにはにんにくやしょうが、玉ねぎがすでにいるのだ！）行うのは、予想以上に難しい。生のトマトが最適だと言い切るには、いくつかの条件をそろえなければならない。

・そのトマトは、加熱に適した品種なのか？
・そのトマトは、品質がよく、旬で、おいしい味わいなのか？
・それらを入手時に見極める自信があるのか？
・それらを脱水して濃縮する技術に自信があるのか？

> トマトの脱水は
> 大変だ！

すべてに「YES」と言える人は、生のトマトを使うのがベストだ。でも、少しでも自信のないポイントがあるのなら、トマト缶をオススメしたい。加熱済みで柔らかいし、手でにぎればつぶれるから、水分を飛ばしやすい。1年を通して安定的においしさを供給してくれるのもいい。

加熱技術に自信のある人 ▶	**生のトマト**

加熱技術に自信のない人 ▶	**ホールトマト缶**

生のトマト

非加熱の状態

カットトマト缶

①まで完了、②がしやすい状態

ホールトマト缶

①まで完了、②がしやすい状態

トマトピューレ

②まで完了、③がしやすい状態

トマトペースト

③まで完了！の状態

トマトケチャップ

添加物（調味料等）使用のため、除外

原料となるトマトの違い

カットトマト缶

丸型でそのまま食べるのに向いている。

ホールトマト缶

細長いサンマルツァーノ型で加熱に向いている。

ホールトマトの作り方

トマトはカレーのうま味の素。加熱することで、そのうま味がさらに際立つ。

材料
- トマト……適量
- 塩……適量
- 水……適量

1 トマトを湯むきして粗熱を取り、1/4 に切っておく。

2 密閉容器にトマトを詰め、沸かした湯に容器ごと沈める。

3 塩水を注いで軽くふたをし、煮る。

4 ふたを密閉してさらに煮る。

5 粗熱を取って密閉する。

トマトピューレの作り方

1 ヘタを取り、くし形切りしたトマトを鍋に入れ、火にかける。

2 1/3 程度の量になるまで煮詰める。ざるで漉し、種や皮を捨てる。

3 密閉容器に移して保存する。

なぜ強気で炒め、弱気で煮込むのか？

脱水と加水の狭間で

素材を炒めて脱水させて"ベース"を作り、"スープ"を加えて（加水）煮込むと、"ソース"ができる。これがベースとスープの関係の基本である。
では、次の場合、どんな違いがあるだろうか？

A ベースの脱水をほどほどにして、スープの加水量を減らす

B ベースの脱水をキッチリして、スープの加水量を増やす

できあがるソースの総量は同じである。ところが、味わいがまるで違うのだ。AよりもBのほうがメリハリの利いた味わいになる。これが、カレーの七不思議のひとつである。あとの6つは何？ と聞かれたら困ってしまうけれどね。

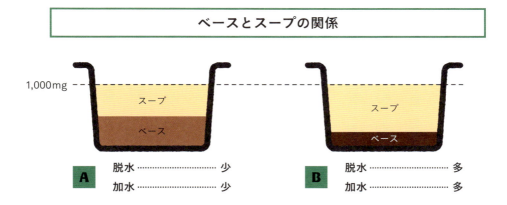

ベースとスープの関係

じゃあ、どうしたらいいのか。簡単だよね、Bをやればいい。

・ベースは、強火（強気）で炒めて、しっかり脱水すること。
・スープを加水したら、具の味わいを壊さないよう、弱火（弱気）で煮ること。

順序で言えば、脱水してから加水するのがカレー作りである。脱水と加水の狭間で、あなたの律義さが問われている。「この辺でいいや」と次へ進んでしまったら、味はぼやけるので注意してほしい。強気と弱気の狭間で、火入れの加減を決めるのは、あなたなのだから。「冷静と情熱のあいだ」みたいな言い方をしているけれどね、大事なことなのさ。

隠し味は何がオススメなのか？

隠し味は、ないならないほうがストイックでかっこいい。
隠し味は、あったらあったほうがおいしくなってしまう。
隠し味は、隠さなくちゃ。食べた人にバレないようにね。
隠し味は、手間をかけずに手間をかける魔法のアイテム。
隠し味は、頼りになる。頼りになるのだから頼ればいい。

乳製品 泣く子も黙る濃厚な味わい。

甘味類 甘いはうまい。甘いはえらい。

| 図解 | 道具 |

道具とどう付き合うべきか？

使いやすい道具を選べば、カレー作りは簡単になる。
気に入った道具を使えば、カレー作りが好きになる。
一度決めた道具を愛せば、カレー作りはうまくなる。

道具は大切なパートナー。道具と向き合い、道具の長所や短所、
クセを理解すれば、カレー作りは上達する。

鍋（フッ素樹脂加工）
大前提として厚手の鍋がいい。フッ素樹脂加工してあれば、「炒めて脱水」に活躍。

鍋（アルミ）
自宅で作るなら片手鍋が基本。大量調理するならアルミの半寸胴両手鍋が最適。

ボウル
大小いくつかのサイズがあると便利。ざるは水切りのいいものを選ぶこと。

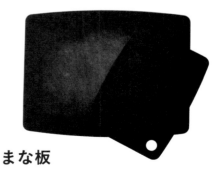

まな板
まな板は何でもいい。心がけたいのは、よく洗って清潔に保つことかな。

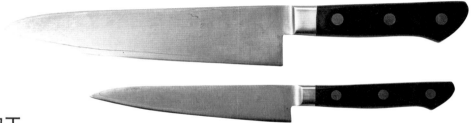

包丁

包丁は何でもいい。心がけたいのは、よく研いで切れ味を保つことかな。

おろし器

にんにく、しょうががきめ細やかなペーストになるおろし金ならなおいい。

レードル

盛り付け用にはサービングスプーンを使用。ただ、普通のおたまがあればOK。

計量スプーン

すりきりが計りやすい深めのもので分量表示がわかりやすいのがオススメ。

ゴムベラ

木べらよりも大事かも……。鍋中（特に鍋肌）をこそげ落とすのに最適。

図解 道具

木べらコレクション

木べら

使う鍋の形や大きさによって最適な木べらがある。新しい木べらに出会うたびに入手していたら、いつの間にか30本以上になってしまった。

保存容器

スパイスボックス
インドの一般家庭でよく使われる。
7種類のスパイスをセットできる。

スパイスボトル
密閉性の高いガラスボトル。透明なので
瞬時にスパイスを判別できる。

スパイスケース（角型）
少量ずつあれこれ持ち運ぶのに便利。
ホールとパウダーを分けて収納。

スパイスケース（丸型）
出張料理時に携帯。軽くて使いやすい。
サイズも大小さまざまで便利。

Column 5

グルーヴィーなカレー

玉ねぎは炒めないことにした、だの、
玉ねぎは切らないことにした、だの、
玉ねぎは使わないことにした、だの……。

カレーにおける玉ねぎについて、ずっと試行錯誤している。玉ねぎが大事だと誰もが知っている。でもカレー屋さんたちは、「実力やセンスがものを言う」と難しい顔。インド人シェフは逆に「玉ねぎなんてどうやったって同じさ」と涼しい顔。
どちらにせよ、多くのカレーファンが入り込めない世界だ。だからこそ興味が湧く。課題を洗い出し、片っ端から実験して、使う意味、切る意味、加熱する意味を見出す。カレー調理のすべてに同じ姿勢で取り組んでいる。

カレーの構造を分析し、理論を構築し、プロセスをルール化してメソッドを公開し、誰もがシステマチックにおいしいカレーを再現できる日を夢見て。なあんていうとさ、まるで誰かのために頑張ってるみたいで格好いいけれど、実際には、誰よりも自分がワクワクしているんだ。
YMOは結成当初、「無機質なピコピコサウンドだ」と揶揄されることもあった。当時を振り返って坂本龍一氏は、「逆にすごく興奮してた」と言い、細野晴臣氏は、「グルーヴが邪魔だった」と言った。"前日まで追求していたグルーヴ"を排除した音楽は未体験の世界で、冒険心を掻き立てられたそうだ。
その後、彼らは音のはね方を数値化し、拍子を分割して意図的にずらすことで、ニューオリンズや沖縄の音を生み出せることを発見する。

そうか！ 僕がカレーでやろうとしていることは、YMOと同じなのかもしれない！ カレー界の独りYMO（我ながら頭が高い……）。カレー調理の理論化と数値化への取組みは、ピコピコサウンドならぬピコピコカレーを生み出しているのだ。
カレーにおけるグルーヴを排除した先に、共通言語で誰もが語れる世界が生まれたら素晴らしい。確立したメソッドを意図的に崩すことで、インドカレーやタイカレーの持つグルーヴを生み出せるようになったら、どれだけ楽しいことだろう。
一緒に取り組んでくれる仲間がいたらもっといいのだけれどね。

INDEX

カレーメソッド

1-A とてもシンプルな香り	024
1-B 口の中ではじける香り	025
1-C しみじみ深みのある香り	026
2-A 優しくまろやかなベース	027
2-B スタンダードなベース	028
2-C こってりガッツリベース	029
3-A 野菜のおだやかなうま味	030
3-B トマトの王道なうま味	031
3-C 乳製品の力強いうま味	032
4-A すっきりさわやかな香り	033
4-B スタンダードでメジャーな香り	034
4-C 個性のある奥深い香り	035
5-A 水でストイック	036
5-B ブイヨンでノスタルジック	037
5-C ココナッツでエキゾチック	038
6-A ブライニングして煮るチキン	039
6-B こんがり焼いて煮ないチキン	040
6-C マリネしてじっくり煮込むチキン	041
7-A フレッシュで印象的な香り	042
7-B なじみ深い本格的な香り	043
7-C 力強く刺激的な香り	044

スパイスカレー

メソッドで作るチキンカレー
スタンダードモード徹底解説 …… 052

メソッドで作るチキンカレー①
あっさりモード …… 070

メソッドで作るチキンカレー②
こってりモード …… 074

メソッドで作るチキンカレー③
こっくりモード …… 078

メソッドで作るチキンカレー④
しっかりモード …… 082

メソッドで作るチキンカレー⑤
きっちりモード …… 086

メソッドカレー アレンジ 01
鶏手羽元のほろほろカレー …… 136

メソッドカレー アレンジ 02
煮込みチキンカレー …… 138

メソッドカレー アレンジ 03
オレンジチキンカレー …… 140

メソッドカレー アレンジ 04
レモンチキンカレー …… 142

メソッドカレー アレンジ 05
ペッパーチキンカレー …… 144

メソッドカレー アレンジ 06
ホワイトチキンカレー …… 146

メソッドカレー アレンジ 07
ドライキーマカレー …… 148

メソッドカレー アレンジ 08
バターチキンカレー …… 150

メソッドカレー アレンジ 09
ソルティチキンカレー …… 152

メソッドカレー アレンジ 10
リーフチキンカレー …… 154

メソッドカレー アレンジ 11
手羽中ぐずぐず煮込みカレー …… 156

メソッドカレー アレンジ 12
セサミチキンカレー …… 158

メソッドカレー アレンジ 13
スープキーマカレー …… 160

メソッドカレー アレンジ 14
ビーフカレー …… 162

メソッドカレー アレンジ 15
スパイシーポークカレー ……………… 164

メソッドカレー アレンジ 16
マスタードサーモンカレー ……………… 166

メソッドカレー アレンジ 17
エビのカレー ……………… 168

メソッドカレー アレンジ 18
夏野菜のカレー ……………… 170

メソッドカレー アレンジ 19
秋野菜のカレー ……………… 172

メソッドカレー アレンジ 20
エッグポテトカレー ……………… 174

スパイス図鑑（50音順）

ア　アサフェティダ ……………… 122
　　アジョワンシード ……………… 124
　　オールスパイス ……………… 124
　　オレガノ ……………… 119

カ　ガーリック ……………… 123
　　カフィルライムリーフ ……………… 119
　　カルダモン ……………… 124
　　カレーリーフ ……………… 119
　　キャラウェイシード ……………… 125
　　クミンシード ……………… 125
　　グリーンチリ ……………… 128
　　クローブ ……………… 123
　　コリアンダーシード ……………… 125
　　コリアンダーリーフ ……………… 119

サ　サフラン ……………… 124
　　シナモン ……………… 128

シナモンリーフ ……………… 120
ジンジャー ……………… 123
スターアニス ……………… 129
スペアミント ……………… 120
セージ ……………… 120
セサミシード ……………… 125
セロリシード ……………… 126

タ　ターメリック ……………… 123
　　タイム ……………… 120
　　チンピ ……………… 128
　　ディル ……………… 121

ナ　ナツメグ ……………… 126
　　ニゲラシード ……………… 126

ハ　バジル ……………… 121
　　パプリカ ……………… 129
　　パンダンリーフ ……………… 121
　　ビッグカルダモン ……………… 126
　　フェヌグリークシード ……………… 127
　　フェンネルシード ……………… 127
　　ペッパー ……………… 129
　　ペパーミント ……………… 121
　　ポピーシード ……………… 127

マ　マスタードシード ……………… 127
　　メース ……………… 128

ラ　レッドチリ ……………… 129
　　レモングラス ……………… 122
　　ローズマリー ……………… 122
　　ローレル ……………… 122

どんな状況でもカレーと向き合い続けるんだ。
たとえそれがクローゼットの中だったとしても……。
すると、いつか誰かがその扉を開け、声をかけてくれる。
「おいで、そろそろ出番だよ」ってね。
……なあんてね。

水野仁輔

*Ultimately, I came to the conclusion that all
I must do is take care of the music.
Even if I do it in a closet. And if I really do that,
somebody's going to come and open the door
of the closet and say,
'Hey, we're looking for you.'*

Bill Evans

「シナリオが書きあがったとき、いつも『市民ケーン』のような傑作ができた！と喜ぶ」
いまの僕はそんな気分だ。
「でも、傑作と自分との間を隔てているのは、決まって自分自身だ」
本が書店に並ぶころ、僕はそんな気分になるのかもしれない。いずれも我が敬愛する映画監督、ウディ・アレンの言葉だ。

作品とは不思議なもので、生み出した張本人がどう思っていようと勝手に独り歩きし、受け止めた人の中で成長する。すなわち、本は出版されたと同時に著者の手を離れ、読者のものになる。
そう、もうこの本はあなたのものなのだ。

もうひとつ不思議なことに、作品は、そのときどきで感じ方が変わる。
ウディ・アレンの映画を初めて見たのは学生時代だった。アカデミー賞を取った映画だから、という軽薄な理由から『アニー・ホール』を観た。なんだこりゃ？と落胆した。以来、僕は彼を三流映画監督とインプットした（失礼だ！謝れ！）。

ところが、30歳を過ぎたころ、もう一度観たら完全に打ちのめされてしまったのだ。それから1週間かけて全作品を観た。インタビュー集を読み漁った。いまでは、すべてのDVDを所有するほど崇拝している。
そんな風にこの本も、折を見て読み返してほしい。前に読んだときには出会わなかったヒントを発見するはずだし、カレーの好みが変われば本の見え方も違ってくることだろう。

かの映画では、最後のシーンでこんなエピソードが披露される。「それで思い出す小話がある」というナレーションに続いてね。

精神科医に男が
「弟は自分がメンドリだと思い込んでいます」
医師は
「入院させなさい」
男は
「でも卵は欲しいのでね」

男女の関係は、"およそ非理性的で不合理な事ばかり"だとウディ・アレンは言う。
それに比べれば、あなたとカレーの関係はシンプルでいい。非理性的でも不合理でもない。明快な理由があり、理にかなった手法がある。それに従えばおいしく作れるのだ。
本書を手にし、最後まで読んでくれたあなたは、きっと強力な武器を手に入れたとほくそ笑んでいるかもしれない（そうあってほしい）。そのことを声高に周囲に主張したりすると、怪訝そうな目をされるかもしれない（そうでなくてほしい）。
でも、そんなときには、あなたが作ったカレーを食べてもらえばいい。きっと誰もが味方になってくれることだろう。それで思い出す小話がある。

精神科医に男が
「彼女は自分がメソッドだと思い込んでいます」
医師は
「入院させなさい」
男は
「でもうまいカレーは食べたいのでね」

水野仁輔
2019年春
チェンマイからバンコク行きの機内にて

水野仁輔 みずの・じんすけ

AIR SPICE 代表。1999 年以来、カレー専門の出張料理人
として全国各地で活動。『スパイスカレー事典』(パイ インター
ナショナル)、『カレーの教科書』(NHK 出版)、『幻の黒船カレー
を追え』(小学館)などカレーに関する著書は 50 冊以上。現在は、
本格カレーのレシピつきスパイスセットを定期頒布するサー
ビス「AIR SPICE」を運営中。

http://www.airspice.jp/

スパイスカレーを作る
自分好みのカレーが作れるメソッド & テクニック

2019 年 6 月 15 日　初版第 1 刷発行
2020 年 8 月 7 日　　　第 6 刷発行

著者：水野仁輔

撮影：宗田育子
イラスト：五味健悟
デザイン：根本真路
英訳：パメラミキ
校正：株式会社 鷗来堂
制作協力：UTUWA
編集：長谷川卓美

発行人：三芳寛要
発行元：株式会社パイ インターナショナル
　　　　〒 170-0005 東京都豊島区南大塚 2-32-4
　　　　TEL 03-3944-3981 / FAX 03-5395-4830
　　　　sale@pie.co.jp

印刷・製本：図書印刷株式会社

©2019 Jinsuke Mizuno / PIE International
ISBN978-4-7562-5225-8 C0077
Printed in Japan

本書の収録内容の無断転載・複写・複製等を禁じます。
ご注文、乱丁・落丁本の交換に関するお問い合わせは、
小社までご連絡ください。